문화와 행복 에세이집

너는 무엇을 하면 가장 행복하니?

김다은

1억원 국민문학상 수상작가

도서출판 월인

너는 무엇을 하면 가장 행복하니?

초판 1쇄 발행 · 2014년 12월 5일
초판 3쇄 발행 · 2016년 10월 7일

저 자 / 김다은
발행인 / 박성복
발행처 / 도서출판 월인
서울특별시 강북구 노해로25길 61(수유2동 252-9)
등록 / 제6-0364호
등록일 / 1998년 5월 4일
전화 / (02) 912-5000
팩스 / (02) 900-5036
www.worin.net

ISBN 978-89-8477-582-4 03810

값 12,000원

작가의 말

너는 무엇을 하면 가장 행복하니?

아들 녀석 때문에 힘겹다고 친구가 하염없는 하소연을 해왔다. 대학생인 아들은 학교까지 거리가 멀다며 불평을 거듭했고, 긴 실랑이 끝에 독립을 시켰다했다. 독립 후 집에 잘 오지도 않아서 제대로 먹는지 공부는 제대로 하는지 알 수가 없다는 것이다. 무슨 말을 해도, 마지못해 '네'라는 대답만 할 뿐 도통 대화에 응하려들지 않아 답답해 죽겠다고 했다. 친구는 긴 통화 끝에 다음 말을 남기고 전화를 끊었다.

"필요한 돈을 주지 않나, 집안 환경이 좋지를 않나, 자기가 얼마나 행복한지 몰라서 저러는 것 같아."

전화를 끊고, 목이 마른 듯해 원두커피를 내리기 시작했다. "자기가 얼마나 행복한지 몰라서 저러는 것 같아." 주변에 아들 혹은 딸을 둔 부모에게서 종종 비슷한 말을 들어왔다. 커피향이 콧속으로 들어와 뇌로 올라갈 때쯤, 동창이 마지막에 남긴 말이 1998년 프랑스 대입 국가고시 바칼로레아에 출제됐던 한 철학문제를 떠올리게 했다. 그 철학문제는 다음과 같은 것이었다.

"자신이 자각하지 못한 채 행복할 수 있는가?"

프랑스 바칼로레아의 철학문제는 예비 대학생이 터득해야만 하는 가장 기본적인 질문을 던졌을 것이다. 행복이라는 프랑스 단어 '보네르(Bonheur)'는 '좋은(bon)'과 옛 프랑스어의 '행운(heur)'에서 나온 것이다. 영어 'happiness'도 그 어원이 'hap'으로 세상에서 일어나는 '기회(chance)'를 의미한다. 어원만 따지면 행복은 인간의 의지와 상관없이 운수에 좌지우지되는 것처럼 보인다. 하지만 바칼로레아 철학문제는 단어의 어원만을 묻는 것 같지 않다. 왜냐하면 만약 자신이 행복한지도 모르고 행복한 상태가 되려면, 무엇을 원하는지 모르는데도 저절로 모든 과정이 이뤄져 인간을 만족시켜야 하기 때문이다. 마치 의지와 상관없이 하품이나 방귀가 저절로 나와 몸의 균형을 조절하는 것과 유사하지만, 이는 진정한 행복이 아니다.

물론 정해진 정답은 없다. 그래서 이렇게 질문을 바꾸어 생각해보았다. '아들은 행복한데 그것을 자각하지 못해서 지금처럼 행복하지 못한 생활을 하고 있는 것일까?' 그런 것 같지는 않았다. 문제의 초점은 어머니가 아들이 행복한 상태라고 너무 단정하고 있는 것이 아닌가 싶었다. 어머니는 자신의 대학시절에 비해 환경이나 조건이 훨씬 나아진 아들이 행복할 것이라고 여긴 것이고, 또한 현재 자신이 불행하기 때문에 더 그렇게 생각했을 수도 있다. 어머니가 생각하는 행복이 아들에게 행복은 아니기 때문이다. 행복이란 나의 의도나 필요가 현실과 부합할 때 생겨나는 감정이어서 어머니나 타인이 규정해줄 수 없는 것이다.

아들은 어떻게 해야 행복할까. 말 그대로 스스로 행복하다고 자각해야 한다. 그렇다면 아들이 원하는 것이 무엇인지 아는 게 급선무다. 음악에 관심이 있어

작곡가가 되고 싶어 하는 아들을 향해 의사가 되라고 강요한다면 아들은 결코 행복해질 수 없다. 끊임없이 빈둥거리며 시간을 소모한다고 어머니는 애가 타지만, 어쩌면 그 빈둥거림 속에서 아들은 만들고 싶은 가사나 악보를 그리고 있을 수도 있다. 어머니의 눈에 빈둥거림이 아들에게 꿈을 실현해나가는 과정일 수도 있는 것이다.

창밖 한여름의 자연을 바라보니 빛나는 초록이나 노래하는 새들이 참 행복해 보인다. 그렇지만 그들은 행복을 자각하고 있을까. 자연과 마찬가지로, 인간에게 "왜 행복한 줄 모르니!"라며 말해봤자 소용없는 일이다. 자신의 기준으로 타인의 행복을 강요하는 일이기 때문이다. 행복은 내가 성취하고 싶은 목표를 설정하고 그것을 위해 노력하는 행동을 할 때 비로소 시작된다. 그러므로 진정으로 상대방의 행복을 원한다면 그의 내적 욕망을 먼저 들여다볼 필요가 있다. 무턱대고 물어볼 순 없을 것이다. 생일 혹은 결혼기념일처럼 무심한 일상가운데서 좀 특별해 보이는 날이 좋은 기회이지 싶다. 꽃이나 작은 선물과 함께, 행복을 만날 기회를 발견할 수 있도록 상대방에게 먼저 이런 질문을 해보는 것이 어떨까.

"너는 무엇을 하면 가장 행복하니?"

"너는 무엇을 하면 가장 행복하니?"

이 멋진 질문에, 열정적으로 대답할 수 있으면 얼마나 좋으랴. 유감스럽게도 그럴 수 없을 때가 있다. 자신이 원하는 것이 무엇인지, 무엇을 해야 행복할지 감을 잡을 수가 없다. 이는 스스로 욕망하는데 단련이 되어있지 않기 때문이다. 다른 사람들이 추구하는 욕망을 자신의 욕망처럼 믿어왔기 때문일 수도 있다. 즉 르네 지라르의 '욕망이론'처럼, 다른 사람들이 원하는 것을 자신도 원한다고 믿었을 경우이다. 가령, 강한 동기가 없어도 사람들이 욕망하는 직업이기에 의사가 되기 위해 열심히 공부한다거나, 옆집의 거대한 냉장고를 보고 갑자기 그것이 간절히 필요하다고 느끼는 것처럼, 우리는 주변 사람들의 욕망을 모방하게 되는 것이다.

그렇다면 어떻게 내 욕망의 정확한 분출구를 찾을

수 있을까. 그것은 먼저 '욕망의 삼각형'에서 벗어나는 것이다. 즉 타인을 매개로 한 모방의 욕망에서 벗어나는 것이다. 이런 욕망은 경쟁이나 패배의식을 불러들여 기쁨을 느낄 수 없게 만든다. 내 욕망의 분출구를 알기 위해서는, 스스로 자신의 에너지가 움직여 다니는 지점을 찾는 것이다. 무엇을 할 때, 누구를 만날 때, 무엇을 생각할 때 자신의 내적 에너지가 변화를 드러내며 특히 기쁨이 느껴지는지 예민해지는 것이다.

이 책은 타인의 욕망에 의해 내 욕망을 억압되거나 심지어 강탈당하여, 무엇을 하건 전혀 기쁨을 느끼지 못하는 현대인들을 위한 것이다. 언제나 열심히 무엇인가를 하지만, 무엇에도 기쁨을 느끼기 쉽지 않은 이들을 위한 것이다. 이 책은 행복한 감정으로 설레기 위한 시도이다.

1장에서는 우리의 욕망을 강요하는 주변의 척도나 기준을 살펴보고, 2장에서는 욕망의 삼각형에서 빠져나가며 느끼는 설렘에 대해 이야기하며, 3장에서는 자신의 내적 욕망을 알아갈 때 동반되는 두려움이나 불편함을 파악하고, 4장에서는 나의 내적욕망이 타인이나 한국 문화와 어떻게 관계를 맺는가를 보여주게 될 것이다.

2014년 10월 14일
작업실의 녹색 책상 앞에서
소설가 김다은

• 나는 무엇을 하면 행복할까? 나의 행복 리스트를 적어보자.

차례

2부 우리를 설레게 하는 것들

3부 옷 입은 마하와 옷 벗은 마하

4부 나는 무엇을 위해 죽도록 일하나

부록 김다은의 자화상

제1부

히틀러가 화가가 되었다면

인생은 공평하지 않은가

빌 게이츠가 연설 중 사용해서 유명해진 명언 중에 이런 것이 있다.

"인생은 공평하지 않으니, 그것에 익숙해져야 한다. (*Life is not fair, get used to it*)."

이 말에 쉽사리 수긍하는 사람은 많지 않을 것이다. 이유는 인생이 공평하지 않다는 사실을 받아들이기 힘들었거나, 공평하지 않다는 것은 알지만 빌 게이츠 말대로 익숙해지기 싫어서였는지도 모른다. 인생은 정말 공평하지 않은 것일까.

흔히 인생이 공평하지 않다고 말할 때 가장 먼저

떠올리는 것이 자신의 의지와 상관없는 출생의 조건일 것이다. 어떤 이는 태어날 때부터 돈과 권력의 심장부에 누워 있거나 세상을 매혹시킬 이기적인 유전자를 지니고 있다. 하지만 어떤 이는 찢어지게 가난해서 우유도 제대로 못 먹는 것도 고사하고 신체장애까지 안고 태어난다. 성장과정에서도 최상의 환경에서 최고의 교육을 받는 사람이 있는가 하면, 겨우 기저귀나 떼었을까 싶은 나이에 글자도 깨치지 못하고 삶의 현장에 뛰어들어 고된 노동을 견뎌야 하는 경우도 있다. 별다른 노력 없이도 부귀와 명예를 유지하는 사람이 있는가 하면, 죽도록 일해도 가난과 멸시에서 벗어날 수 없는 사람도 있다.

필자는 재작년 여름 스페인 여행을 하면서, 천재 건축가 안토니오 가우디의 건축물을 보면서 인생이 공평하지 않다고 느낀 적이 있다. '카사 바트요' '카사 밀라' '구엘 공원' '사그라다 파밀리아' 등 살아있는 거대한 생물체처럼 꿈틀거리는 그의 작품들 앞에서, 저런 엄청난 상상력과 혁명적인 작품을 만들어 낼 수 있는 재능을 신은 왜 한사람에게 쏟아 부었을까 하는 생각이 들었던 것이다. 게다가 생전에 자신이 번 돈 대부분을 기부했다는 말을 들었을 때, 재능에 더해 뜨거운 심장까지 선사받은 그를 눈부셔 하면서도 질투하지 않을 수 없었다.

가우디는 집안 대대로 주물제조업을 하는 가난한 환경에서 태어났다고 한다. 어릴 때 심각한 류머티즘에 시달린 탓에 마음대로 나가서 놀거나 돌아다니지도 못할 정도로 병약했다. 학교에서도 선생들이 '천재'인지 '미친놈'인지 헷갈려서 교육상 애로를 겪었다. 하지만 가우디는 대대로 주물업을 한 집안의 혈통 속에서 설계는 물론 대장장이 일을 직접 배울 수 있었고, 주물제조 과정을 통해 어릴 때부터 탁월한 공간지각력을 단련할 수 있었다. 게다가 류머티즘으로 인해 지독한 고통과 환상에 시달렸는데, 이를 이겨내기 위해 혼자 산책하며 외로이 시간을 보낼 수밖에 없었고, 그 과정에서 자연과 생물의 움직임을 관찰하는 힘과 영감을 키워나갈 수 있었던 것이다. 놀랍게도 그의 천재성은 흔히 우리가 생각하는 탄생의 불공평에서 만들어진 것이었다.

성경을 살펴보면 포도원 품꾼의 이야기가 나온다. 포도원의 재산관리인과 일꾼들은 일당 5만원으로 합의하고 일을 시작했다. 얼마 후 관리인은 공터에서 일 없이 어슬렁거리고 있는 사람들을 보고 포도원에 가서 일하라고 했고, 정오에도, 오후 3시에도 그렇게 했다. 심지어 오후 5시에도 아무도 써주지 않아 서성대는 이가 있어 포도원에 가서 일을 하라고 했다. 그런데 6시가 돼서 품삯을 나눠주는데, 관리인은 모든 이에게 똑같이 5만원을 나눠주었다. 그러자 종일 일한 자들은 불만을 털어놓으며 불공평을 주장했다. 그때 관리인은 자신은 계약을 어긴 적이 없으며, 늦게 온 사람을 똑같이 대하는 것은 자신의 관대함이니 그것을 탓하지 말라고 이른다.

성경의 이런 비유는 인간의 눈으로 불공평해 보이는 것 뒤에 숨겨진 신의 공평함을 뜻하는 것일까. 가우디의 가난과 병 뒤에 천재성을 숨겨놓듯이 말이다. 가우디에게도 사랑하는 여인이 있었지만 유부녀였던 탓에 평생 가슴에 품고 독신으로 살았다. 가우디 혼자서 바르셀로나 사람들을 먹여 살린다고 해도 과언이 아닐 만큼 관광수익을 벌어들이는데도, 정작 길가에 쓰러진 가우디는 행색이 초라했던 탓에 알아보는 사람 없이 장시간 방치됐다가 숨졌다고 한다. 인생의 공평과 불공평을 보이는 것만으로 판단할 일은 아니지 싶다.

내 출생의 불공평한 면은 나만의 독특한 경험과 감성을 키워주는 운명의 DNA이다.

당신은 감성적 중산층인가

한 40년쯤 거슬러 올라간 어린 시절에, 흑백 TV 속에서 한 서양남자가 지휘봉을 들고 무대 위에서 춤추듯 온몸으로 지휘하는 모습에 매료된 적이 있다. 기억이 정확하다면 그가 베를린 필하모닉 오케스트라의 헤르베르트 폰 카라얀인데, 그의 열정적인 몸짓과 처음 본 악기들이 쏟아대던 선율은 지금도 잊지 못할 꿈같은 장면이다.

연주회 가는 것은 상상도 못하고 바이올린과 피아노 정도나 알던 당시에, 비올라 첼로 피콜로 플루트 오보에 바순 튜바 트롬본 베이스드럼 등 그 놀라운 악기들의 조화로운 움직임이 마치 범접할 수 없는 신기의 영역 같았다. 그 명성 높은 오케스트라의 연주자들 속에서 유독 눈길을 잡아 끈 사람이 있었으니, 트라이앵글을 땡땡거리는 우스꽝스러울 정도로 단순한 연주자였다. 초등학교 친구들은 깔깔거리며 재미있어 했고, 아득히 멀게 느껴졌던 음악이 성큼 우리에게로 다가왔던 것이다.

충격에 가깝도록 아름다운 어릴 적 기억이 떠오른 것은 항간에 알려진 나라별 중산층의 기준을 비교해 놓은 한 신문기사를 읽고 난 뒤였다. 나의 중산층 여부는 '아니오'와 동시에 '예'였다. '아니오'인 이유는 우리나라의 중산층 척도인 대출 없는 30평대 이상의 집, 500만 원 이상의 월급, 2000cc급 이상의 중형차, 1억 원 이상의 예금 잔액, 1년에 한 번 이상 해외여행이라는 기준에 못 미쳤기 때문이다. 반면에 '예'인 이유는 '외국어 하나 정도는 할 수 있고, 즐기는 스포츠가 있으며, 다룰 줄 아는 악기가 있고, 남들과 다른 맛을 내는 요리를 만들 수 있는' 프랑스의 중산층 기준은 충족시켰기 때문이다.

최근 조사에 따르면, 경기불황에 따른 우리나라 중산층의 심리적 몰락이 심각하다고 한다. 2011년 기준으로 중산층은 중위소득의 50~150%를 지칭하는데, 환산하면 175만원에서 525만원 사이가 된다. 최근 맥킨지 보고서에 따르면 우리나라 중산층은 67.5%인데, 국민의 50% 이상이 자신을 빈곤층 혹은 소외계층이라고 느끼고 있다고 한다. 인간의 척추처럼, 나라의 버팀목과 다름없는 중산층이 심적으로 무너지고 있는 것이다.

하지만 항간의 선진국 기준에 따르면, 우리나라의 중산층도 필자의 경우처럼 다른 양상을 나타내지는 않을까. 미국의 기준인 '자신의 주장에 떳떳하고 약자를 도우며 불의에 저항하고 테이블 위에 정기적으로 받아보는 비평지가 있는' 부류가 과거보다 많아지지 않았을까. 더구나 프랑스 기준으로 보면, 우리나라는 구(區)마다 동(洞)마다 문화 아카데미가 생겨나 악기나 스포츠를 즐기고 특별한 요리 솜씨를 뽐내는 감성족의 숫자가 과거에 비길 바가 아니다.

우리나라는 선진국 형 중산층이 늘어나고 있는데, 경제적인 잣대만으로 우리 스스로 추락하고 있는 측면이 있다. 문화 향유도가 점점 높아지면서도 스스로 문화 중간층이라고 느끼지 못하는 것은 고급문화와 저급문화라는 또 다른 경제적 척도 때문이 아닐까. 문화자본주의적인 인식으로 경제력이 높을수록 고급문화를 즐긴다고 여기는 것이다. 문화적 향유 대상을 평가할 뿐 그것을 즐기는 자신의 감수성을 평가하지 못하고 있는 것이다. 하지만 미국의 상류층과 중류층의 문화 소비양식을 지칭하는 옴니보어(omnivore)는 고급과 저급을 분류하지 않는다. 자신이 스스로 즐기고 느끼는 것이 높을수록 고급이지, 사전에 예술이나 문화 자체가 고급 저급으로 분류될 수 없다는 뜻이다. 싸이의 세계적인 성공도 문화적 옴니보어를 바탕에 깔고 있다.

이 시점에서 감성적 중산층을 우뚝 세우는 운동을 하는 것이 경제적 중산층을 복원하겠다는 정부의 정책에도 도움이 되지 않을까. 돌이켜 보면, 카라얀은 지휘하는 내내 눈을 감은 상태였는데 신기하리만큼 수많은 연주가들을 제압하듯 잘 이끌었다. 눈을 감고도 세계를 감동시키는 감성적인 힘이 결코 경제적인 힘보다 약하지 않기 때문이다.

행복은 내 안에 피아노나 하프처럼 크고 비싼 악기가 연주되는 것이 아니라, 아주 작고 싼 트라이앵글이 땡땡거리고 있어도 즐길 줄 아는 능력이 있는 것이다.

재미로 보는 프랑스와 미국의
기준을 합쳐 만든 문화적 중산층 기준표

1. 즐기는 스포츠가 있다. (　　)
2. 외국어 하나 정도는 할 수 있다. (　　)
3. 다룰 줄 아는 악기가 있다. (　　)
4. 남들과 다른 맛을 내는 요리를 만들 수 있다. (　　)
5. 자신의 주장에 떳떳하다. (　　)
6. 약자를 돕는다. (　　)
7. 불의에 저항한다. (　　)
8. 테이블 위에 정기적으로 받아보는 비평지가 있다. (　　)

* 몇 개 이상이면 문화적 중산층인지는 각자가 정할 것

명성황후의 금가락지

우리나라 여성들이 소위 명품에 열광하는 것은 어제오늘의 일이 아니다. 1876년 강화도 조약에 의한 문호개방으로 일본·아라사(러시아)·영국·인도 등에서 고급 물품들이 쏟아져 들어왔을 때도 조선 여성들은 매우 적극적인 관심과 강한 소유욕을 드러냈다. 당시 한성순보와 한성주보와 황성신문을 살펴보면 외국명품 광고를 볼 수 있는데, 램프·단추·회중시계·안경·목걸이·반지·향수 등 생활필수품에서 사치품에 이르기까지 다양하다.

현대 여성들의 명품백(bag)처럼, 당시 선풍적인 인기를 끌었던 것이 다이아몬드 반지이다. 일본은 조선을 소비시장으로 삼기 위해 고도의 상술을 발휘했고,

조선 여성들은 이에 곧이곧대로 넘어가 열광했다. 선망의 대상이었던 다이아몬드 반지는 매일신보 광고에 여성 머리보다 더 큰 형상으로 등장하기도 한다. 나중에 조선일보가 모던 걸들(Modern girls)의 손가락들에 빠짐없이 끼워져 있던 다이아몬드 반지에 대한 풍자 만화 컷을 실을 정도로 열풍은 대단했다. 당대 영화나 연극으로 인기를 누렸던 '장한몽'에서 심순애를 김중배에게 빼앗긴 이수일의 절규도 시대상을 잘 보여준다. '다이아몬드 반지가 그렇게 좋더냐!'

한데, 우리나라 고유의 손가락 장식물은 반지가 아니라 '가락지'였다. 가락지는 두 개의 둥근 고리로 만들어져 쌍가락지라고도 불렀는데, 우리나라에만 있는 것이다. 음양의 조화라거나, 헤어질 때 증표로 나누어 가지기 위한 것이라는 설이 있다. 가락지라는 명칭이 반지로 바뀐 것도 일본이 조선에서 다이아몬드 반지를 팔아가는 과정에서 일어났다. 다이아몬드 반지는 쌍으로 낄 수 없는 탓에, 둘에서 하나가 되거나 나눈다는 뜻에서 반지(半指) 혹은 반지(斑指)가 되었다.

그런데 미국인 저널리스트 프랭크 카펜터가 '드모

리스트 패밀리 매거진' 1894년 11월호에 명성황후 특집을 실으면서, "길고 가는 손은 모양이 예쁜데, 다이아몬드로 빛난 적이 없다. 유일하게 끼는 것이 금가락지인데 항상 손가락 하나에 쌍으로 끼었다."라고 적고 있다. 명성황후의 주치의였던 여의사 릴리아스도 황후가 유럽 장신구와 다이아몬드 반지 등을 많이 가지고 있을 법 한데도 별로 치장한 적이 없다고 기록하고 있다. 당시 여성들의 부와 유행의 상징이었던 다이아몬드 반지 대신에 명성황후는 금가락지에 애착을 보였다. 외국인들의 눈에는 그런 조선 황후가 매우 개성 있고 자존심 강한 모습으로 비춰던 것 같다.

그렇다면 왜 황후는 금가락지를 고집했을까. 다이아몬드가 일본을 상징했다면 금은 조선을 상징했기 때문이다. 우리나라는 예부터 금(金)이 많이 나는 나라로 유명했다. 가야 앞에 '금관'을 붙여 금관가야라 하고, 신라시대부터 김(金)씨가 왕이나 지배계급으로 자리를 잡으면서 황금문화를 이어갔다. 고려시대에 세계 최초의 금속활자를 만든 것도 우연이 아니다. 조선시대에는 기와지붕에 금박을 넣었다고 농을 할 정도로 생활 전반이 금으로 세공된 민족이었다. 우리나라는 금이 많이 나고 금을 사랑하던 나라였다. 그런데 일본은 조선의 금을 탈취해가면서도 금은 촌스럽고 다이아몬드는 최고라는 인식을 암암리에 심었다.

명성황후는 당시 서구문물을 동경하고 외국인들과의 교류를 즐겼던 황실 권력가였다. 보석류는 얼마든지 수중에 넣을 수 있었지만, 그는 조선을 상업적으로 점령한 다이아몬드 반지보다 금가락지를 택했다. 위태로운 국가 상황에서 금가락지가 황후의 자존심과 긍지를 더 잘 나타낸다고 믿었던 것 같다. 항간에 전해져 내려오는 이야기로는 을미사변 때 명성황후가 피신하는 과정에 몸에 유일하게 지니고 있던 금반지를 사공에게 내어주고 강을 건넜다 한다.

역사의 진실 여부와 상관없이 마음이 불편한 것은 과거 일본인의 상술과 요즘 외국인들의 공격적인 상술이 별반 다르지 않고, 과거 다이아몬드처럼 요즘 여성들의 명품백이나 구두에 혹하는 모습이 별로 다르지 않아 보이기 때문이다.

자신에게 자신 있는 자는 물건으로 자신을 보여주려 하지 않는다.

마이클잭슨과 순교자

마이클잭슨의 죽음 후, 그를 다룬 특집들 사이에서 생전 인터뷰들을 접할 수 있었다. 쏟아진 질문들 중 가장 잔인해 보이는 것이 피부색에 관한 것이었다. 어린 마이클잭슨의 초콜릿 색 검은 피부가 나이와 함께 탈색한 것처럼 점점 옅어졌을 뿐만 아니라, 심지어 백인들보다 희고 투명하게 변했기 때문이다. 기자들은 호기심을 넘어선 인신공격에 가까운 질문들, 즉 피부성형을 몇 번이나 했느냐, 왜 피부색을 바꾸려고 하느냐, 흑인으로 태어난 것을 부인하느냐 등으로 그를 집요하게 추궁하고 있었다.

마이클잭슨의 대답은 거의 비슷했는데, 피부성형을 한 적이 없으며, 가족 중에 이런 비슷한 현상이 나타난 적이 있다고 했다. 기자들은 그의 대답에도 아랑곳않고 색깔(!) 공격의 고삐를 늦추지 않았다. 그런데 마이클잭슨식의 피부현상은 백반증이라는 병 때문에 생기는 것임이 밝혀졌다. 멜라닌 세포의 파괴로 피부에 백색반점이 나타나는 후천적 탈색소성 질환을 앓고 있었던 것이다. 백반증이 심해지면, 피부가 점점 반투명 상태로 변해 몸 안의 핏줄이 거의 다 보이고, 그를 처음 본 사람은 속으로 엇! 소리를 지를 정도가 된다고 한다. 물론 기자들이 마이클잭슨을 몰아 부칠 당시에는 백반증이라는 병이 알려지기 이전이었다.

한편, 재미교포 김은국 씨의 첫 소설이자 영어소설인 『순교자(The martyred, 1964)』가 있다. 이 책은 출간되자마자 미국에서 20주 연속 베스트셀러에 올랐고, 10개 국어로 번역되었으며, 우리나라에도 세 출판사에 의해 차례로 번역 출간되었다. 이 소설은 6・25 전쟁 때 공산주의자들에 의해 체포된 평양의 목사 14명 중 12명이 처형되고 2명만이 살아남은 이야기를 다룬 것이다. 이념과 종교의 소용돌이에 휘말려 줄줄이 처형당하던 상황에서, 두 명의 목사는 어떻게 살아

남았을까. 한 명은 현장의 충격으로 미쳐버린 탓에 목숨을 건질 수 있었지만, 나머지 신 목사의 생존의 비밀은 풀리지 않고 있었다. 그가 다른 목사들이나 하나님을 배반한 대가로 생명을 구한 것이라는 추측과 상상이 나돌면서, 신도들까지 그를 '유다'로 매도하며 괴롭혔다.

그런데, 그가 살아남을 수 있었던 진짜 이유가 나중에 삼자를 통해 밝혀지는데, 12명의 목사들은 목숨을 구걸하는 과정에서 하나님을 부인했지만, 신 목사만 끝까지 하나님에 대한 신앙을 고백했던 것이다. 공산주의자들은 한결같이 당당한 신 목사만 진짜 목사라 여겼고, 나머지는 가짜 목사라고 죽이고 말았던 것이다. 이 소설은 실화를 바탕으로 하고 있다. 신과 인간의 관계에 대해 도덕적이면서도 다층적인 시각으로 쓴 이 소설에 대해, 당시 미국 뉴욕타임스는 "도스토옙스키와 알베르 카뮈의 심리적 문학적 전통을 이어받은 훌륭한 작품"이라고 적고 있다. 김은국은 한국출신 작가로는 처음으로 1967년 노벨 문학상 후보에 오르기도 했다.

마이클잭슨과 김은국은 묘하게도 같은 해 같은 6월에 사망했다. 마이클잭슨은 천부적인 재능으로 세계적인 부와 명성을 얻고 흑인의 위상까지 높였음에도 불구하고, 생전에 흑인피부를 거부한다는 편견에 줄곧 시달리다 죽었다. 신 목사는 죽은 동료들을 순교자로 자신을 배반자로 여기는 사람들의 무지한 오해와 핍박을 기꺼이 감당했다. 눈에 보이는 사실과 눈에 보이지 않는 진실 사이의 괴리감이라니! 이념이나 사상뿐만 아니라, 우리의 맹목적인 집단의식이 때로 한 개인의 진실을 끔찍하게 위협하거나 짓밟는 일이 있다.

맹목적인 집단의식의 희생자가 내가 되지 않으리라는 법이 없다.

히틀러가 화가가 되었다면

한 청년이 화가의 꿈을 안고 오스트리아 비엔나로 흘러들었다. 1907년 가을, 비엔나 조형예술 아카데미 소속 일반화가 학교에 입학시험을 치르게 된 18세의 그 청년은 아돌프 히틀러였다. 그는 '낙원으로부터의 추방' 등 실기시험에는 합격했으나, 2차 면접에서 실패하고 만다. 풍경화나 건축화에는 뛰어났지만, 초상화에는 소질이 없었기 때문이다. 사람의 얼굴을 그리지 못하는 사람은 화가가 될 자질이 없다고 면접관들이 결론을 내렸다고 한다.

이는 최근 동유럽 여행 중 오스트리아와 폴란드의 서로 다른 현지 가이드들이 히틀러에 대해 들려준 내용이다. 히틀러는 입학시험에 불합격하고도 그림을 포기하지 않았고, 3류 화가 노릇을 하면서 비엔나에서 외로움과 배고픔을 견디고 있었다. 그러는 사이 군대에 가야 하는 나이가 되었고, 이를 거부하다 군사재판에 출두하게 된다. 하지만 제1차 세계대전이 터졌을 때는 독일 군대에 자원입대를 하는데, 이것이 히틀러의 파시스트 행로의 시작이었다.

만약 히틀러가 예술 아카데미 입학시험에 합격했다면 어떻게 되었을까? 나치당의 운명과 독일의 역사는 달라졌을 것이다. 독일의 오스트리아 합병, 체코 및 폴란드 침공 그리고 제2차 세계대전 발발, 프랑스 점령, 덴마크 장악, 러시아 진격과 패배 등 전 세계가 전쟁과 공포의 도가니 속으로 휩쓸리지는 않았을 것이다. 대(大)독일의 야망 아래 자행된 유대인 대량 학살도 없었을 것이다. 한 인간의 운명과 선택이 나비효과를 일으켜 우리는 전혀 다른 21세기를 맞고 있을 것이다.

히틀러가 화가가 되었다면 예술의 지형도도 달라졌을 것이다. 당시 오스트리아 제체션(분리파)의 중심에 있던 구스타프 클림트의 영향과 에곤 실레 등과의 교우관계를 통해 히틀러는 표현주의 화가로 성장했을 가능성이 높다. 그랬다면 여행객들은 폴란드의 오슈비엥침 수용소('아우츠비츠'라는 표현은 독일이 폴란드를 점령하고 난후 독일식 발음으로 바꾼 것이다.)가 아니라 히틀러 미술관으로 즐거운 발길을 옮기게 됐을지도 모른다. 화가 히틀러의 인생살이와 예술을 다룬 책이나 영화 '페인터'가 만들어졌을 수도 있다. 독일에 대한 저항으로 오스트리아인들 사이에 애창되던 에델바이스를 트랩 대령의 입을 통해 부르게 했던 영화 '사운드 오브 뮤직'은 또 어떻게 달라졌을까.

히틀러가 세계적인 화가가 될 수도 있었고 그래서 역사가 다른 길로 흐를 수도 있었으리라는 부질없는 생각을 하게 된 것은 요즘 각 대학들에서 입학시험이 진행되고 있기 때문이다. 얼굴을 그리지 못한다는 이유로 히틀러를 예술의 영역 밖으로 내친 면접관들이 실수를 한 것인지, 히틀러에게 진정한 예술혼이 없음을 알아챈 그들의 선견지명을 놀라워해야 할지 판단이 서질 않는다. 히틀러가 입학시험에 불합격한 것은 사실이지만, 초상화 때문이라는 근거는 확인하지 못했다. 단지 풍경화 속에 건축물과 배경만 있을 뿐 사람이 그려지지 않아서 "면접관들은 회화과 대신 건축과 입학을 추천했는데, 고등학교 졸업장이 필수인 과정을 당시 히틀러는 중학교를 중퇴했기에 낙방할 수밖에 없었다"고 하니, 초상화 이야기는 현지인들의 입으로만 전해지는 이야기일 수도 있다.

오슈비엥침 수용소 관람 후, 가이드는 버스 안에서 폴란드의 유명한 유대계 피아니스트 블라디슬로프 스필만의 이야기를 다룬 로만 폴라스키 감독의 영화 '피아니스트'를 틀어주었다. 유대인 피아니스트는 독일장교와 오이지 통조림 앞에서 절체절명의 연주를 하게 되는데, 그 곡이 쇼팽의 발라드 1번이었다. 영화가 끝난 후 폴란드 현지 한국인 가이드에게 낯선 나라에 정착하게 된 계기를 물어보았다. 대학입학시험 때 자신이 획득한 점수가 한국외국어대 폴란드어과를 선택하게 만들었다고 했다. 대학입학시험이 한 개인뿐만 아니라 전 세계의 지형도를 바꾼다는 것을 히틀러뿐만 아니라 평범한 가이드를 통해서도 확인할 수 있었다.

히틀러 이야기가 생각난 것은 입시철이기 때문일 것이다. 인간과 세계의 미래를 향한 지극히 중대한 기획이 진행되고 있다. 눈에 보이게 보이지 않게 수많은 선택들이 이루어지고 있다. 우리는 그 선택의 결과들을 가까운 혹은 먼 미래에 보게 될 것이다.

인생의 두 갈래의 길에서, 가보지 않은 길을 가게 되었다면 지금 우리는 어떻게 되었을까? 가보지 않은 길에 미련이 남아 있다면, 은퇴 후에 가보겠다는 꿈을 꿔보자. 은퇴 전부터 제 2의 삶에 대해 조금씩 준비를 하게 되면 무력해져 가는 제 1의 삶도 일으켜 세울 수 있을 것이다. 인간 수명이 100세를 바라보고 있고, 더 길어질 수도 있으니 말이다.

알함브라 궁전의 추억

하루가 멀다 하고 성희롱, 성추행, 강간 사건들을 매스컴을 통해 접해 왔다. 그런데 직장 사장의 아르바이트 여대생 성폭행과 학교 교장의 여교사 성폭행 소식을 접하고 뜬금없이 스페인의 알함브라 궁전을 떠올렸다. 섬세하고 정교한 아라베스크 무늬, 사이프러스 나무들이 만들어 내던 아름다운 그늘, 시에라 네바다 산에서 흘러내린 물이 뿜어져 나오던 수많은 분수 정원들이 한순간 머리를 스치고 지나갔다. 세상에서 둘째라면 서러워할 만큼 아름다운 궁전과 성폭력 사이에 어떤 연관성이 있다고 여긴 것일까.

알함브라 궁전(La Alhambra)은 '붉은 성'이라는 뜻으로, 이슬람 왕조인 무함마드 1세가 13세기 후반에 건축하기 시작하여 여러 차례 증축과 개수를 거쳐 완성한 이슬람교의 대표적인 건축물이다. 내 기억의 발길은 그라나다가 내려다보이는 언덕 위 왕궁을 이리저리 헤매다가 라이온의 정원으로 향했다. 라이온의 정원은 왕의 여자들이 살았다는 하렘이다. 무함마드 5세 시절에는 하렘에 약 100명의 후궁이 있었고, 제왕과 환관 외에는 출입이 통제되었다. 진실인지 각색된 이야기인지 모르지만, 하렘에 꼭 들어가야만 하는 안마사나 악공들은 눈을 뽑아 버렸다고 한다. 예쁜 후궁들을 보려고 왕의 이복형제나 병사들이 숨어들었다가 목이 잘려 떼죽음을 당하는 날이면, 피가 분수대 수압을 타고 공중으로 치솟았다고 한다.

학교 교장과 직장 사장의 성폭행 기사를 접하면서 알함브라 궁전을 떠올린 것은 권력적 욕망의 속성 때문일 것이다. 제왕을 둘러싼 절대적인 수직관계와 우리 사회의 갑을(甲乙) 관계에서 일어난 폭력에는 공통점이 있다. 즉, 육체적 강자가 약자에게(남성이 여성에게 혹은 어른이 아동에게) 가하는 원시적인 폭력과, 사회적인 계급을 통해 가하는 제도적인 폭력의 이중적인 성격이 바로 그것이다. 이는 사회적 약자에게 발생한 우연한 혹은 상황적인 사건이 아니다. 사회적 지도자나 강자에 의해 미리 준비되고 의도된 권력적 성폭력은 왕조시대와 다름없이 현대에도 여전하다.

한데, 알함브라 궁전의 기억과 함께 은은하게 들려오는 아름다운 음악이 있다. 스페인의 유명한 기타 연주가 프란시스코 타레가(1852~1900)가 작곡한 '알함브라 궁전의 추억'이다. 타레가는 자신의 여제자를 짝사랑했고 알함브라 궁전을 같이 산책하면서 그 마음을 고백했으나, 당시 유부녀였던 콘차부인은 사랑을 받아들이지 않았다. 타레가는 이룰 수 없는 사랑에 고통스러워하다가 알함브라 궁전의 분수 옆에서 사랑의 아픔을 달래는 노래를 작곡하기 시작했다. 가슴에 그리움의 물방울이 방울방울 떨어져 분수를 이루는 듯한, 그 유명한 트레몰로 주법의 '알함브라 궁전의 추억'이다.

인간은 누구나 어쩔 수 없이 욕망을 지니지만, 그것을 해결하는 방식은 전혀 다르다. 자신의 권력을 이용해서 어떻게든 욕망을 채우려는 권력적 욕망도 있지만, 상대방의 의견을 존중하고 자신의 감정을 승화시키는 타레가의 예술가적 사랑도 있다. 타레가는 자신보다 약자인 제자에게 사랑을 강요하지 않았다. 자신의 욕망을 외부의 폭력이 아니라 내부의 영감으로 탈바꿈시켰다. 그의 사랑은 아직도 살아 세기를 넘나들면서 여행자의 영혼을 어루만지고 있다. 인간에게는 이처럼 추악과 숭고의 양면성이 있는 모양이다. 핏물이 넘치던 분수대가 감동과 영감을 주는 음악의 분수대로 변신할 수도 있는 것이다.

요즘 알함브라 궁전은 하루에 7,860명으로 입장객을 제한할 만큼 세계 최대의 관광지가 되었다. 그 아름다움에 대한 찬사로, 세상에서 받은 가장 잔인한 벌이 알함브라 궁전 앞에서 눈이 멀고 마는 것이라고 한다(하렘의 눈먼 안마사나 악공들에서 연유한 듯하다). 현대를 사는 우리가 상기해야 사실은 따로 있다. 자신이 가진 권력이나 힘을 이용하여 약자를 폭행하는 야만적이고 전근대적인 행위를 계속하면 결국 언젠가는 가장 현대적인 '전자발찌'를 차고 만다는 것이다. 이는 우리 인간의 내면에 제왕적 욕망을 잠재울

타레가적 음악이 은은히 흐르고 있음에도, 그 음악 앞에서 귀먹은 형벌이다.

원하는 것을 소유하지 못했을 때, 그 결과의 수용방식에 따라 행복감이 달라진다.

연적(戀敵)의 정체

누구나 연애를 꿈꾼다. 몸 구석구석에 긴장감이 되살아나면서 눈의 광채가 형형해지고, 낭만과 전율이 삶을 송두리째 흔들어놓는 연애 말이다. 한데, 뭔가를 꿈꾼다는 것은 현실에서 얻기 어렵기 때문이다. 한두 번 만날 때는 운명이었다가, 대화의 구멍과 실망감이 커지면서 결국 결별하고 마는 것이다.

언젠가 작가들의 조촐한 저녁 모임에서 '남녀의 사랑을 방해하는 것이 무엇인가'에 대한 토론이 벌어졌다. 토론의 발단은 아일랜드의 희극작가이자 소설가인 조지 버나드 쇼의 편지 한 통이었는데, '피그말리온'이란 작품의 영감을 준 배우 스텔라가 다른 남자와 결혼하려하자 눈이 확 돌아간 버나드 쇼가 욕설과 저

주에 가까운 편지를 썼다는 사실이 대화의 발단이었다. "그래, 좋다, 가거라. 여자 하나 잃는 것이 세상의 끝은 아니니까."가 편지의 첫 문장이었다.

작가들은 사랑이 끝나가는 순간에 그렇게 적나라하게 질투와 혐오를 까뒤집어 보일 수 있는 버나드 쇼에 반한 듯 했고, 그 영향으로 슬슬 자신들의 연애가 실패한 이유를 털어놓았다. 쇼의 경우처럼 새로 나타난 제 3의 인물(사실 쇼에게는 아내가 있었기 때문에 누가 누구의 연적이냐를 따지면 아주 복잡해진다.)은 강력한 연적이어서, 작가 A는 '내 여자의 남자' 때문에 연애가 끝장이 났다. 작가 B는 사람을 소개해줬다가 도로 낚아채 간 오랜 친구가 연적이었고, 작가 C는 남편이 자신보다 딸에게 관심이 더 많다며 '내 딸과 엘렉트라 콤플렉스'가 연적이라 했다. 작가 D는 정신을 차리고 보면 언제나 자신이 연적이 되어 있었다고 고백했다.

재미있는 것은 연적이 반드시 사람만이 아니라는 점이다. 작가 F는 자신의 연적은 '싱글'이라며, 남편들 얼굴 한번 본 적도 없는데 상당수의 아파트 여자들이 자신을 경계하는 눈초리라고 했다. 작가 G는 주변에서 애인이 있을 것 같다며 좋은 사람을 소개시켜 주지 않는다며 '오해'를 연적으로 꼽았다. 작가 H는 글로 번 돈으로는 연애하기에 턱없이 부족하니 '돈'이 곧 연적이고, 작가 I는 소설 속에서 연애하느라 실제 사랑을 못한다며 '소설'이 연적이라고 했다.

연적이 정치의 속성과 비슷한 면이 있어서였을까. 시간이 지나면서 작가들의 연적 이야기에 정치가 뒤섞여 들었다. 스텔라가 쇼에게 "당신은 깡패. 당신은, 당신은 무식한 사람."으로 시작하는 답장을 보냈다는 이야기가 나왔고, 동시에 우리 사회의 보수와 진보의 갈등과 정치가들의 파행에 대한 이야기가 커피와 함께 등장했다. 우리는 국민들 사이에 분노와 증오가 자리 잡고 있다는 사실을 새삼 확인하며 쓴 커피를 '리필' 받았다. 그런데 와중에 신선하면서도 뜬금없는 질문 하나가 제기 되었다.

우리 국민들끼리 서로 사랑하는 것을 방해하는 연적의 정체는 무엇일까?

작가들은 헷갈렸다. 정치인들은 항상 '국민을 위해

서'라는 모토를 사용하며 싸운다. 그들은 국민의 연인인 냥 외치지만, 국민들은 수긍하기가 쉽지 않다. 그래서 정치인들은 때로 '없는 애인을 위하여' 치열하게 싸우는 것처럼 보인다. 비단 정치뿐만 아니라, 우리 사회의 각 분야가 사랑 없는 사랑싸움을 하고 있다고 해도 과언이 아니다. 대부분 연인은 없고 연적과 싸우고 있는 형국이기 때문이다. 작가들이 쇼의 신랄한 욕설에 감동받았던 이유는 바로 그 뒤에 사랑하는 여자에 대한 깊은 감정이 자리 잡고 있기 때문일 것이다. 그렇다면 우리 사회의 갈등을 해소하기 위해서는 적어도 애인이 누구인지 자각해야 하지 않을까. 서로의 사랑을 확인한 다음에야 그 연적과 싸워도 제대로 싸울 수 있지 않을까.

연적이 생기려면 먼저 연인이 생겨야 한다.

다섯 명의 줄리엣과 국민통합

가을바람이 투명하게 불던 날, 덕수궁 돌담길을 따라 걸어가 서울시립미술관에 도착했다. 올해로 일곱 번째를 맞이한 서울국제미디어아트 비엔날레(Mediacity Seoul 2012)가 열리고 있었다. 세계 20여 개국 49개 팀이 참가한 비엔날레의 주제는, 미국의 블루스 가수 스크리밍 제이 호킨스가 부른 노래에서 따온 것으로, '너에게 주문을 걸다(Spell on you)'였다.

입구에 전시되는 영광을 누린 작품은 아델 압데세메드의 '기억'이다. 엉덩이가 빨간 개코원숭이가 동일한 알파벳으로 '투치'와 '후투'라는 단어를 반복적으로 배열하는 미디어 액자였다. 두 단어는 끊임없이 갈등을 겪어온 르완다의 두 부족을 일컫는 것으로, 수십만

명의 집단학살에 대한 기억을 개코원숭이의 단순한 반복행위로 표현한 것이다.

아이디어와 실험성이 넘치는 수많은 작품들 중에서 두 작품이 인상적이었다. 우선 한국 작가 홍성민의 '줄리엣(Juliettttt)'이다. 줄리엣의 영문 표기에 t가 다섯 개나 붙어 다섯 명의 줄리엣을 의미했다. 작가는 5명의 연극배우들을 각기 다른 연출자들에게 보내 동일한 대사를 연출케 했다. 대사는 줄리엣이 죽기 직전 사랑의 감정을 극적으로 표현한 절정 장면이다. 각기 다른 연출가로부터 훈련받은 5명의 배우들은 텅 빈 무대 위에 한꺼번에 올라 동시에 같은 대사를 읊으며 연기한다. 로미오는 물론 다른 모든 배역들과 무대장치가 모두 사라진 무대에서, 동일하지만 동일하지 않은 5명의 줄리엣이 절규하는 장면의 영상이다.

다른 하나는 작가 데이비드 클레어바우트의 '알제의 행복한 순간의 단면들(The Algiers' Sections of A Happy Moment)'이다. 하늘을 나는 바다갈매기들을 바라보는 알제리인들의 행복한 표정을 담은 영상이다. 매우 평범해 보이는 이 작품이 가슴에 남은 이유는 행복한 한순간을 되도록 오랫동안 포착하려는 작가의 적극적인 의도 때문이었다. 찰나로 사라질 수 있는 이미지가 가지는 시간의 추상성을 표현하기 위해 600장의 필름을 이어 붙여, 37분간이나 영상이 지속되고 있었다.

그렇다면 우리는 무엇의 주문에 걸려있는 것일까. 현대사회는 페이스북, 트위트 등이 범람하면서 각 개인뿐만 아니라 우리의 정치와 경제까지 부지불식간에 서로 영향을 주고받고 있다. 현대기술이 새로운 환경과 관계를 가능케 하지만, 인간에게 마음대로 주문을 걸어 저항할 수 없는 상황에 몰아넣기도 한다. 이런 주문을 풀기 위해 비엔날레에 참가한 예술가들은 물리적 시공간을 재해석하면서 개인과 집단과의 새로운 관계 가능성을 모색하고 있었다.

서울시립미술관에서 돌아오는 길에 가판대 신문이나 잡지들의 타이틀에서 '국민통합'이라는 단어들이 눈에 띄었다. 예술작품들을 감상한 직후에 왜 그 단어가 갑자기 생소하게 느껴졌을까. 여당이건 야당이건, 시대현상을 제대로 반영하지 못한 주문을 선택했다는 생각이 든 것은 무엇 때문이었을까. 다섯 명의 줄리엣은 외부 환경에 의해 여럿으로 분열한 우리 자신의 자화상이다. 각 개인이 다섯 명의 줄리엣으로 분열하고 단일민족은 다민족으로, 단일문화는 다문화로 바뀌어가는 현 시점에서 우리 국민은 어떤 방식으로 '통합' 당할 수 있을까. 통합의 사전적 의미는 "모두 합하여 하나로 모음"이다.

물론 통합은 개코원숭이가 가진 분열의 기억과 화합을 염두에 둔 것이리라. 하지만 통합이라는 주문이 국민에게 제대로 걸릴지, 주문의 효과가 제대로 발휘될지는 의문이다. 정치인들 스스로 분쟁과 분열의 주문에서 벗어난 것 같지 않으니 말이다. 그 주문을 풀기 위해서는 예술가들처럼 현 시대를 새롭게 해석하려는 철학과 그에 걸맞은 표현을 모색해야 하지 않을까. 데이비드 클레어바우트의 카메라 셔터 속에서처럼, 정치인들의 카메라 셔터 속에서도 국민의 행복한 표정이 포착되어야 할 것이다. 스크리밍 제이 호킨스가 부른 노래 가사처럼 국민에게 더 매혹적인 주문을 걸어 그대를 사랑하게 만들어 보시라.

개인은 분열하는데, 정치는 통합을 꿈꾼다.

미친놈 프로젝트

우리 어린 시절에는 동네에 대개 미친년이 있었다. 산발한 머리에 꽃을 꽂고 흰 옷을 흐트러지게 입거나, 베개를 아이처럼 안고 돌아다녔다. 미친년의 무방비한 몸짓과 옷차림은 동네 어른들의 걱정거리였고 아이들의 짓궂은 놀림감이었다. 왜 그 시절에는 동네마다 미친년이 돌아 다녔을까?

수년 전 성곡미술관에서 '미친년 프로젝트'라는 사진 전시회를 보았던 적이 있다. 페미니스트 문화 운동가인 박영숙 씨는 1999년부터 여러 차례에 걸쳐 동네마다 미친년이 생겨난 배경을 전시해왔던 것이다. 여자는 시댁에서 소박맞고 아이까지 뺏겨 제정신으로는 견딜 수 없었던 것이다. 남성 중심의 사회에서 미칠 수밖에 없었던 여성들의 광기를 표현한 것이 다름 아닌 '미친년 프로젝트'이다.

한데, 최근에 주변 남자들 사이에서 "너무 억눌려 살아서 미칠 것 같다"는 말을 종종 듣게 된다. 사실 우리는 요즘 미친년, 미친놈이라는 표현을 자주 사용한다. 그만큼 남녀 모두 미칠 수밖에 없는 제도적 여건 속에서 살고 있는지도 모른다. 하지만 2013년 세계경제포럼이 밝힌 한국의 남녀평등 지수가 136개국 중 111위였다. 이 지수에 따르면, 남성들을 궁지로 몰아넣은 것이 여성중심의 삶과 제도가 아닌 것만은 분명하다. 그렇다면 한국 남성들은 왜 미칠 지경에 이르렀을까?

베르나르 베르베르의 『상대적이며 절대적인 백과사전』에 쥐들의 먹이 다툼에 대한 이야기가 있다. 몇 마리의 쥐를 한 곳에 가두고 먹이를 넣어주면, 먹이를 독차지하는 지배자가 나타난다. 두세 마리는 그 권력에 아부해서 필요한 먹이를 얻고, 한두 마리는 부스러기를 먹으며, 나머지 한 마리는 굶는다. 지배자를 제거해도 똑같은 상황이 재연된다. 재미있는 것은 이 상황에서 가장 스트레스를 많이 받은 쥐가 지배자라고 한다. 이유는 피지배자들이 저항할까 항상 전전긍긍하기 때문이다.

결국, 억압하는 자와 억압받는 자, 양쪽 모두 피해자일 수밖에 없다. 독일어 '미치다'의 어원은 '자리를 약간 비켜나다'이다. 제자리에 있지 않다는 뜻이다. 미친년 프로젝트가 상흔의 전시로 끝나지 않으려면 우리 사회가 여성들에게 맞는 자리를 재조정해주어야 한다. 따라서 남성들의 자리 이동도 자연스럽게 일어나야한다. 그래야 머지않아 나타날지도 모를 미친놈 프로젝트를 막을 수 있을 것이다.

여자가 여자여서 불행했던 기억이 있다면, 남자는 남자여서 불행했던 기억이, 아이는 아이여서 불행했던 기억이, 어른은 어른이어서 불행했던 기억이, 노인은 노인이어서 불행했던 기억이 있을 것이다. 반대로 여자는 여자여서 행복했던 기억이 있다면, 남자는 남자여서 행복했던 기억이, 아이는 아이여서 행복했던 기억이, 어른은 어른이어서 행복했던 기억이, 노인은 노인이어서 행복했던 기억이 있을 것이다. 우리는 조금씩 다른 자리로 이동하면서 살아가고 있는 것이다.

연말파티와 남장여자의 슬픔

연말 댄스파티에 참가하기 위해 남장을 해야 하는 상황이 벌어졌다. 스포츠댄스를 처음 배울 때부터 여자에 비해 남자 수가 적었던지라, 키가 큰 필자가 쭉 남자 역할을 맡아온 탓이다. 평소와 달리 연말파티인데다, '중급'반이 되고 보니 스테이지에서 급에 준하는 실력도 선보여야 하고, 화려한 파티복의 여자 파트너들을 돋보이게 만들 의무가 생겨난 것이다.

성공적인 남장을 위해 거울 앞에서 남자의 매력을 탐구하기 시작했다. 허리까지 오는 긴 머리를 걷어보니, 그동안 긴 머리칼들이 얼굴의 단점을 얼마나 잘 가려주었는지 새삼 알 수 있었다. 여성을 감추고 호리호리한 몸을 남성처럼 튼튼하게 보이려고 속옷을 두

툼하게 껴입은 상태에서, 뽕이 들어간 흰 와이셔츠에 나비넥타이를 매고 보니 제법 잘 어울렸다. 위장을 하려면 제대로 해야 할 것 같아서 입술 주변에 수염을 달아보는 시도도 해보았다. 마지막으로, 여자 시계도 차는 법이 없으면서 가죽 줄에 박힌 알파벳 디자인에 매혹돼 1년 전에 사둔 남성용 시계까지 찾아내 준비해 놓았다.

그 다음 남장여자가 등장하는 소설이나 영화, 그리고 드라마를 찾아보기 시작했다. 셰익스피어의 희극인 '십이야', 그 작품을 원작으로 한 영화 '쉬즈 더 맨(She's The Man)', 국내 역사 드라마 '성균관 스캔들', 신윤복이 남장한 후 화원에 들어가는 소설 『바람의 화원』과 그것을 소재로 영화로 만든 '미인도'가 있었다. 홍대 부근 필자의 아파트 길 건너편에 촬영 세트장이 있었던 '커피 프린스 1호점'이나 SBS 드라마 '아름다운 그대에게'도 있었고, 돌이켜보니 어린 시절 읽었던 만화 '베르사유의 장미'에서 마리 앙투아네트를 호위하던 오스칼도 매력적인 남장여자였던 기억이 났다.

남장여자를 연구하면서 여자들이 남장을 해야만 했던 이유를 분석해 보았다. 필자의 경우는 부족한 남성적 외모를 보충하기 위해서지만, 영화나 드라마 속의 여자들은 남성 위주의 세계에 들어가 남성들이 누리는 것을 얻기 위해서였다. 여자의 외모로는 목표로 하는 것을 얻기 어렵기 때문인데, 가령 성균관에 들어가 학문을 배우기 위해서, 화원에 들어가 그림을 그리기 위해서, 커피 프린스 1호점에서 일자리를 얻기 위해서, 축구부에서 좋아하는 축구를 계속하기 위해서 등이다. 자신의 재능을 계발하거나 직업을 얻기 위해 어쩔 수 없이 남장을 선택했던 것이다.

1년 이상이나 여자임을 봐온 사람들 앞에서 재미로 눈속임을 할 뿐 필자는 애초부터 들킨 경우라면, 드라마나 영화 속의 남장여자들은 여자임을 들켜서도 안 되고, 들키게 되면 겨우 얻은 것을 잃고 남성의 영역에서 쫓겨나는 경우가 대부분이었다. 또한 그들은 암암리에 여성의 매력을 발산해서 이성에게 감정적 혼란을 야기하거나 본인마저 야릇한(!) 사랑에 빠지고 마는 정해진 공식을 따라가고 있었다. 일이나 재능 대신 사랑을 얻게 되거나 그것조차 잃게 되는 것이 남장여자가 맞이하는 슬픔이었다.

파티 당일, 갑작스럽게 닥친 예기치 못한 일로 필자의 연말 댄스파티 참석은 무산되고 말았다. 그 여파로 남자 파트너들이 더 자주 춤을 추어야 했고, 게다가 한 묘령의 여자가 너무나 완벽하게 춤을 추다가 마지막 순간에 긴 머리 가발을 훌러덩 벗어제꼈는데, 자세히 보니 스포츠댄스 학원의 원장(남자)이 완벽하게 여장(女裝)을 한 것이어서 파티장이 웃음바다로 변했다는 이야기를 들었다.

아쉽게 파티에 참석은 못했지만, 남장 해프닝은 요즘 우리 사회의 인기 문화코드인 남장여자(혹은 여장남자)가 설정해 가야 할 방향을 깨닫게 해주었다. 남자의 세계에 진입하거나 그들이 가진 것을 얻기 위해서 여성성을 숨기는 것이 아니라, 도리어 남성의 부족함을 채우거나 단조로운 삶의 유머나 반전으로 인간관계를 윤택하게 만드는 데 적절하게 사용하면 어떨까 하는 것이다. 한편 대한민국 역사 이래 남성들의 독점이었던 대통령직을 위해 남장은커녕 '여성'임을 계속 강조하면서 대통령에 당선된 여성도 있음을 염두에 두면 좋겠다.

연말파티만을 위해서가 아니라, 일주일에 한번 특별한 날을 설정하여 자신의 변화를 꿈꿔보자. 가령, 오늘은 파랑색의 날, 오늘은 많이 웃는 날 등

'붉은 여왕'의 손을 잡고 달리다가

영국작가 루이스 캐럴의 동화 '이상한 나라의 앨리스'의 속편으로 '거울나라의 앨리스'가 있다. 이상한 나라에 갔다 온 앨리스가 거울 속으로 다시 빨려들어가 새로운 모험을 하게 되는 이야기이다. 글자도 물건도 반대방향으로 보이는 거울나라에서, 앨리스는 도무지 이해할 수 없는 상황에 직면하게 된다. '붉은 여왕'의 손을 잡고 미친 듯이 달렸지만 주변의 경치가 전혀 변하지 않는 것이다. 이유를 묻자, 붉은 여왕은 이렇게 대답한다. "제자리에 남아 있기 위해서라도 죽어라 달려야 하는 거야."

붉은 여왕의 경고가 우리가 살아가는 현실의 삶에 고스란히 적용될 때가 많다. 새 스마트폰이나 컴퓨터를 사도, 신기술과 파워에 밀려 금방 구식 사양이 되어버린다. 컴맹에서 벗어나 이메일과 인터넷을 제대로 사용하게 되자, 소셜 네트워크 서비스(SNS), 페이스 북, 카카오톡 등 새로운 커뮤니티의 시스템이 계속 등장한다. 지식과 정보도 무한정 쏟아지고 속도도 점점 빨라져서 뭔가 계속 따라잡아야 한다. 죽으라고 달려 따라잡았다 싶으면 그냥 그대로 제자리이다. 미국 시카고대학의 진화학자 밴 베일른은 죽어라 달려도 제자리일 뿐인 이 현상을 '붉은 여왕 효과(Red Queen Effect)'라고 칭했다. 어떤 대상이 변해도 주변 환경이나 경쟁 대상이 더 빠르게 변화하기 때문에 상대적으로 뒤처지게 되는 원리이다.

그런데 붉은 여왕의 손을 한순간 놓게 되면 어떤 일이 벌어질까. 점점 뒤로 밀려, 세상의 어느 구석에 사정없이 처박히거나 적자생존의 결투장에서 힘겨운 마지막 숨을 내쉬게 될까. 무엇보다 제대로 손을 놓을 수는 있을까. 예를 들어, 매일 사용하던 빠른 이메일 대신에 정성스레 손편지를 써서 우체통에 넣거나, 자동차나 전철 대신에 두 다리로 바퀴를 돌리는 자전거로 출근하거나, 부동산과 주식 등 돈을 벌기 위해 혈안이 된 눈을 조용히 감고, 본래 내 꿈이 무엇이었는지 한번쯤 되돌아볼 수 있을까.

병마에 시달리면서도 '1000원짜리 식당'을 운영하며 배고픈 이들의 몸과 마음을 채워주던 한 할머니의 삶처럼, 주변의 어려운 이들을 위해 자신의 노동이나 돈을 아끼지 않으며 살아가는 사람들의 삶의 속도는 어떻게 다른지 눈여겨볼 수 있을까.

앨리스는 여왕의 손을 놓고 체스판 위의 말인 졸(卒)이 된다. 앨리스는 체스판 위에서 한 칸 한 칸 앞으로 나아가게 되는데, 이번에는 속도를 따라잡기 위한 전진이 아니다. 사자와 유니콘 그리고 하얀 기사 등 수많은 난관과 패러독스가 계속되는 여정이다. 게다가 거울의 시공간은 역전과 비논리가 지배하는 곳이어서, 결과가 사건보다 먼저 일어나기도 하고 원하는 곳에 도착하기 위해서 반대 방향으로 걸어가기도 한다. 체스판 위에서 가장 약한 졸로서 다른 주변의 강한 존재들과 경기를 벌이지만, 앨리스는 농담과 유머 그리고 수수께끼가 뒤섞인 꿈과 환상적인 모험을 즐긴다. 속도의 싸움을 벌이면 왕보다 더 강력한 존재인 붉은 여왕을 결코 이길 수 없다.

하지만 꿈의 여행을 계속하던 좀 앨리스는 드디어 여왕으로 등극한다. 다른 사람들을 지배하는 권력의 여왕이 아니다. 자신의 속도와 능력으로 주체적인 여정을 계속한 꿈의 여왕이 된 것이다. 앨리스는 붉은 여왕을 쥐고 흔들다가 꿈에서 깨어나는데, 붉은 여왕의 존재가 현실에서 한낱 보잘 것 없는 고양이였음을 깨닫게 된다.

꿈을 꿨나, 왜 뜬금없이 오래 전 읽었던 동화 속의 붉은 여왕을 들먹이게 된 것일까. 어쩌면 창밖의 남은 잎사귀들이 기꺼이 나뭇가지의 손을 놓고 땅위에 스러져가는 모습을 바라보고 서 있었기 때문일 것이다.

집착했던 것이나 습관에 매여 반복하던 것을 과감하게 놓으면 잃는 것도 있지만 그 뒤로 새로 얻는 것도 생긴다. 새로 얻는 것이 앞서 잃은 것보다 더 크고 귀중할 때가 많다.

제2부

우리를 설레게 하는 것들

우리를 설레게 하는 것들

20대 젊은이들을 설레게 하는 것은 무엇일까.

필자가 재직하고 있는 대학교의 3학년 학생들에게 그런 순간을 글로 써보게 했더니 다음과 같은 것들이 나왔다. 도서관에는 들락거리면서 항상 지나치던 그 옆 미술관에 처음 발을 들여놓았을 때, 집 주변의 소란스럽고 분주한 생활공간에서 벗어나 텅 빈 실내 수영장에서 물소리를 들었을 때, 폭설에 비행기가 뜨지 못해 공항에서 발이 묶인 채 한 이성과 스스럼없는 대화를 나누게 되었을 때, 바지랑대 끝에 잠자리가 앉아 있는 모습을 보며 사색에 잠겼을 때, 호감 있는 남자 친구의 몸에서 특이한 향수 냄새가 전해져 왔을 때, 사물함 속에서 과거 학창시절의 사진을 보게 되었을 때, 밤 3시의 라디오 DJ가 '잘자요.'라는 말을 부드럽게 건넬 때 등이었다.

예술대학교의 문예창작과 학생들이니 20대 젊은 층을 온전히 대변한다고는 할 수 없지만, 사유하는 젊은 이들의 감수성 향방을 가늠하기에는 충분했다. 이들은 복권이나 아파트 청약 혹은 화려한 옷이나 명품 백을 갈망하는, 혹은 그런 류의 어떤 욕망도 내보이지 않아 의외였다. 정신분석학자 에리히 프롬의 '소유냐 존재냐'의 구분에 따르면, 이들은 '소유'보다 절대적으로 '존재'의 방식에 설렘을 느끼고 있었던 것이다. 소설 속 나쁜 캐릭터의 주인공이 매력적으로 다가와 설렘을 느꼈다는 소설가 지망생도 있었다.

서로의 글을 발표하고 난 뒤 '설렘'이라는 감정이 무엇인지 토론시간을 가져봤다. 사실 이 수업은 '설렘'을 소재로 소설을 쓸 터이니 자신의 감정을 들여다보고 오라는 방학 과제가 있은 뒤에 진행된 것이었다. 방학 동안 자신의 감정을 들여다보는 훈련을 하는 가운데 설레는 감정이 조금씩 깨어나는 경험을 했다는 의견도 있었다. 한 학생은 힘들고 고통스러운 감정만 가지고 살아 글을 쓸 수가 없다고 느꼈는데 다른 학생들의 설렘이 너무나 소박하고 작은 것에서 나왔음을 깨닫고 비로소 자신의 감정을 들여다볼 용기가 생겼노라 고백했다.

내 삶에는 왜 영화같이 아름답고 멋진 일이 일어나지 않는 것일까? 한 학생의 소설 말미에 던져진 이 질문은 필자의 가슴에 오랫동안 남았다. 그 질문은 살아가면서 설렘 준비가 되어 있는가 하는 질문과 맞닿아 있기 때문이다. 오늘이 어제 같고, 내일이 오늘 같으리라는 기다림도 호기심도 없는 일상 속에서 새로운 것이 기적처럼 나타날 수 없는 것이다. 영화같이 멋진 일이 일어나길 기대한다면 어떤 사람을 만나건 어떤 장소를 가건 설렘에 대한 기대가 우선해야 할 듯싶다. 젊은 대학생들이 더 나이가 들어 어른이 되어서도 이런 종류의 설렘을 유지한다면 삶의 많은 순간을 영화처럼 살아 갈 수 있지 않을까 싶었다.

오늘은 여느 때와 다른 특별한 크리스마스이브다. 오늘 하루, 그대는 한 번이라도 설렌 적이 있는가. 멋진 파티에 초대받지 않았다고, 멋진 이성과 데이트가 없다고 풀이 죽고 짜증이 나 있다면 앞으로도 그런 나날을 보낼 가능성이 많다.

그래서 말인데 그동안 감사했던 사람들을 떠올리며 크리스마스카드나 연하장을 사러 나가 보면 어떨까. 가족을 위해 작은 선물을 마련하고 따뜻한 음식을 준비해서 얼굴 마주보며 대화를 나눠 보면 어떨까. 그래도 떠들썩하게 파티 분위기를 즐기고 싶다면 이웃이나 친구를 초대해 차를 마시거나 케이크 조각을 내놓을 용기를 가져도 좋으리라. 사유가 깊거나 신앙심이 깊은 사람이라면 아기 예수 탄생의 의미를 돌아보거나 기도하며 조용히 지내는 하루도 더없이 아름다울 것이다.

설렘은 부정적인 감정을 넘어 스스로가 기쁘게 받아들여 가슴이 들뜨는 감정이다. 설렘은 육체의 자동적인 표출이라기보다 기쁘게 살아갈 수 있는 개인의 정서적인 능력이다.

나 없이도 직장이 잘 돌아간다면

여름휴가를 앞둔 탓인지, 한국인과 프랑스인으로 구성된 한 사적 모임에서 이런 질문이 나왔다. 휴가기간 동안 내가 없어도 직장이 잘 돌아간다면, 슬퍼해야 할까 기뻐해야 할까? 의견을 주고받아보니 프랑스인은 기뻐하는 쪽으로, 한국인은 슬퍼하는 쪽으로 조금 기울어졌다. 슬퍼하는 이유는 직장이 잘 돌아간다면 내가 필요치 않다는 뜻이니 직장에서 살아남기 힘들 것이라 했다. 상황이 이러하니, 한국인과 프랑스인이 휴가를 맞이하는 태도가 다를 수밖에 없었다.

통계 자료에 따르면 여름 휴가기간이 프랑스는 30일이고, 영국이 28일, 독일이 24일, 미국이 기업별로 14~21일 정도이다. 일본은 10일이고 한국이 1주일

정도로 대략 집계된 것을 본 적이 있다. 이 자료에 의하면 프랑스가 여름 휴가기간이 가장 길고 한국이 가장 짧다. 특히 한국인들은 1주일 중에 진정 휴가를 보내는 기간은 3～4일 정도라 한다. 1주일도 제대로 쓰지 않고 직장에 서둘러 복귀하는 사람도 있고, 복귀하지 않더라도 내내 전화로 확인하는 등 일을 머리에서 끊지 못하는 사람도 있다.

한국인들은 왜 그 짧은 휴가도 제대로 즐기지 못할까. 우선, 직장 내 심한 경쟁에서 살아남기 위해 언제나 최선을 다하는 강박적인 성실성 때문일 수도 있다. 이 외에도 직장의 구조적인 문제가 있는데 서방 국가들처럼 기업과 개인의 관계가 대등하지 않아 휴가기간을 자신이 정하지 못하고, 법정휴가마저도 눈치를 보면서 찾아 써야 하기 때문이다. 서양인들처럼 워크쉐어링(Work Sharing)을 하지 않고 정해진 한 분야에서만 일하기 때문에 오래 비우면 일이 차질을 빚을 가능성도 있다. 하지만 실제 휴가를 해도 즐겁게 보내는 방법을 몰라 서둘러 일터로 돌아오는 일 중독자들도 있다.

이런저런 이유도 없는데, 나 없이 회사가 잘 돌아가는 것이 불안한 이유는 무엇일까. 출판사 한 여직원의 여행 경험담을 소개하면, 외국 여행 중에 한국에 연락해서 급하게 처리해야만 할 일이 생각났다. 전자기계를 피해 보겠다며 떠나온 여행이라 노트북도 휴대전화도 없었다. 어렵게 PC방을 찾고 보니 자판이 모두 현지어로 되어 있었다. 전화카드를 쥐고 사방을 헤맸으나 공중전화 부스를 찾을 수가 없었다. 이런 나라가 무슨 선진국이냐는 불평이 저절로 터져 나왔고 일과 관련된 애매한 상대방을 심하게 혼자 탓하고 있었다.

혼이 빠진 듯 공중전화 부스를 찾아 헤맨 뒤, 시차상으로 연락해도 더 이상 소용이 없다는 것을 깨닫고서야 털썩 길가 벤치에 주저앉았다. 한참 후 마음이 진정되자, 돌아가서 처리해도 문제될 것 없는 사안임을 깨달았다. 그녀는 여행 중에 왜 갑자기 그 일을 떠올렸는지, 원하는 곳에 공중전화 부스가 나타나지 않자 왜 그렇게 극렬하게 분노했는지 돌이켜보았다고 했다. 그랬더니 원하는 장소에 공중전화 부스를 강요하듯이, 직장에서도 상사나 동료 심지어 막 들어온 인턴사원이 그녀가 원하는 위치에 원하는 모습으로 있지 않아 매우 속을 끓였다는 생각을 하기에 이르렀다. 직장이나 삶속에서 철저하게 자신이 원하는 방식으로 관철하려 노력했고, 여행지에서 그 방식이 더 이상 작동되지 않는 잔인한 순간을 만났기에 분노가 생긴 것이라고 했다.

우리가 여행을 떠나는 이유는 여러 가지가 있다. 올 여름에는 나 없이 직장이 잘 돌아가도 행복해하는 여행을 하면 어떨까. 공중전화부스처럼 그 여행지가 제공하는 색다른 위치 질서와 방식에 순응하고, 마찬가지로 직장에서 나 없이도 다른 사람들이 주도하는 일의 방식에 온전한 믿음을 갖고 떠나면 어떨까. 시인 신현림의 시 속에 '네가 나 없이도 행복할 것이 두렵다.'라는 시구가 있다. 뭐 그렇게 두려워할 것 없을 것 같다. 내가 없어도 직장은 잘 돌아갈 것이기 때문이다. 내가 없어도 직장이 잘 돌아간다는 것은 남은 사람들이 내 일을 분담할 만큼 능력 있는 사람들이라는 뜻이며, 또한 나를 위해 기꺼이 일을 대신해줄 너그럽고 배려 깊은 사람들이라는 뜻이 아닌가.

때로 자신이 직장에서 무용지물임을 깨닫는 여행이 나쁘지만은 않은 것 같다.

여행을 떠날 때, 내 일을 대신해줄, 그래서 감사의 말을 전해야 할 사람이 한 사람이라도 있다면 당신은 행복한 사람이다.

콜럼버스와 이순신의 공통점 하나

15세기 이탈리아의 탐험가였던 콜럼버스는 1492년 카스티야 왕국(후에 에스파냐) 이사벨 1세의 후원을 받으며 대서양 항해를 떠났다. '아메리카 신대륙 발견'은 후세 사람들의 표현이고, 그가 인도를 찾아 떠난 이유는 육로인 실크로드 대신 대서양을 가로질러 황금과 향신료 등을 보다 값싸게 얻기 위해서였다. 산타마리아호를 타고 출항한 이후 4차례에 걸친 항해를 했지만, 그는 죽을 때까지 인도 혹은 아시아 어딘가에 도착했다고 믿었다. 콜럼버스는 생전에 신대륙 발견자로 대접받지 못하고 감옥에 갇히는 등 수난을 겪었고, 미치광이로 취급받다가 쓸쓸하게 죽어갔다.

한편, 조선시대 전라좌도 수군절도사였던 이순신은

일본의 침략에 대비하여 거북선을 제작하고, 1592년 임진왜란이 일어나자 경상도 옥포 적진포 해전에서 왜선 수십 척을 격파했다. 삼도수군통제사 시절에는 명량해전에서 열세 척의 배로 일본의 백삼십 여 척과 싸워 대승을 거뒀다. 1598년 임진왜란의 마지막 전투 노량해전에서 적탄에 맞아 전사했다.

콜럼버스와 이순신이 오늘날 우리가 알고 있는 역사적 인물로 우뚝 설 수 있었던 배경에는 그들이 남긴 항해일기가 있다는 공통점이 있다. 콜럼버스가 신대륙 발견자임을 다시 바로 잡은 사람은 콜럼버스의 아들 페르난도이다. 콜럼버스는 1492년 8월 3일부터 1493년 3월 15일까지 항해일기를 썼고, 이를 이사벨 여왕에게 바쳤다. 페르난도는 남은 일기들을 연구하면서, 아버지가 '아메리카'(당시 신대륙 발견자라고 알려졌던 아메리고 베스푸치에서 나온 이름)에 도달하는 최단 경로를 찾아 대서양을 가로 질렀고, 유럽인들이 전혀 모르는 '신세계'를 소개했다는 것을 밝혔다. 페르난도는 그 공적을 인정받아 현재 스페인의 세비아 성당에 유해가 안치되는 영예를 누렸다.

마찬가지로 이순신은 1592년 일본의 조선 침략을 시작으로 그해 5월 1일부터 1598년 10월 7일까지의 전쟁 상황을 일기로 기록하였다. 전쟁 상황과 병법, 모(母)와 아들에 대한 걱정, 전쟁을 맞은 인간 이순신의 외로움과 고투가 담겨있는 비망록이다. 치열한 전투 중에도 초서로 흘려 쓴 글씨가 어김없이 기록되어 있다. 어떤 제목도 붙어 있지 않았으나, 정조 19년(1795)에 『이충무공전서 李忠武公全書』 속에 포함되어 편찬되면서 '난중일기'라는 이름이 붙게 되었고, 역사의 중요한 기록으로 남게 되었다.

콜럼버스와 이순신의 일기는 그들을 역사 속에 우뚝 세웠을 뿐만 아니라, 역사의 이면을 보여주기도 한다. 콜럼버스는 자신이 발견한 땅을 에스파냐의 왕과 여왕의 것이라고 선포했고 이로써 가혹한 식민지 시대의 막을 열기도 했다. 서구인들이 '신대륙'이라고 칭한 그곳은 사실 몇 천년 전부터 원주민들이 살던 땅이었다. 마찬가지로 한국인들은 1592년 이순신이 투옥된 것이 원균의 모함 때문이라고 단순하게만 알고 있다. 원칙만을 고수했던 이순신과 술과 타협을 좋아했던 원균의 사이가 원만하지는 않았을 것이다. 하지만 일기를 잘 살펴보면 전쟁과 정치적 상황이 그들을 그렇게 몰았음을 알 수 있다. 원균도 당시 나라를 위해 싸우다 전쟁터에서 희생된 장군 중 한 사람이었다. 만약, 원균도 당시 정황을 일기로 남겼다면 지금처럼 '나쁜 장수'로만 기억되지는 않았을 것이다.

여름 방학을 맞아 일기숙제 때문에 고민하는 아이들을 보며 스트레스를 받는 부모들을 만났다. 뜬금없이 콜럼버스와 이순신의 공통점을 들고 나온 것도 그 때문이다. 일기는 한 개인의 역사지만, 나아가 한 나라나 세계 역사의 일부분이 되기도 한다. 콜럼버스와 이순신 같은 역사적 인물은 말할 것도 없고 평범한 개인도 마찬가지이다. 안네 프랑크라는 열세 살의 폴란드 소녀는 생일선물로 받은 일기장에 사심 없이 자신의 감정과 생활을 기록함으로써 세계사의 뒤틀린 이면을 고발하는 역할을 하기도 했다. 그러고 보니 일기는 어른들도 써야 할 삶의 자발적인 숙제일지도 모르겠다.

일기장이나 메모장에 기록하는 습관이 있는 사람은 없는 사람보다 행복하다. 그 이유는 적어보면 안다.

똥이 미술작품이 된 이유

대학의 교양과목 시험에 교수들이 교차 감독을 들어가는 경우가 있다. 그래서 문학 전공 교수인 필자가 '미술의 이해'라는 미술대학의 교양과목을 감독하게 되었다. 교양 미술에서 배우는 것들이 어떤 것인지 궁금해서 살피다가 흥미로운 두 문제를 발견했다. 첫 번째 문제는 다음과 같았다.

"1961년 자신의 똥 30g을 깡통에 담아 '예술가의 똥'이라고 명명하고, 같은 무게의 금값에 팔았던 이탈리아의 화가가 누구인가?"

그 다음 문제는 다음과 같았다.

“ ‘예술가의 똥’이 미술작품이 된 이유는 무엇인가?

1) 재료와 기법　2) 작가의 의도

3) 작품 가격　　4) 작가 제작”

예술대학교에 있다 보니 이래저래 들은 풍월이 있어, 1번 대답으로 만초니임을 고르는데 별로 어려움이 없었다. 그런데 두 번째 질문의 대답은 무엇일까? 단지 똥이라는 재료를 사용했다고 예술 작품이 되지는 않았을 것이다. 깡통에 담는 기법을 사용했다고도 아니다. 그런데 똥으로 금에 해당하는 가격을 받았다면 예술작품으로 인정을 받았기에 가능했던 일이니, 작품 가격일까. 작가가 직접 똥 작품을 제작했다고 미술작품이 된 것도 아니다. 가장 추하고 더러운 것이라 여기는 것을 예술작품으로 만든 것은 작가의 의도일 것이다. 사물의 개념을 바꾸거나 뒤집어 놓은 작가의 의도!

시험감독 후, 캠퍼스를 가로지르며 작은 연못 곁을 지났다. 무채색의 물고기 몇 마리가 한가롭게 노니는, 이끼가 낀 평범한 연못이다. 구조적으로 특이하거나 특별한 용도도 없다. 하지만 학생들의 예술적 심상이 들어 있는 연못이다. 왜냐하면 문예창작과 학생이 우연히 빠지면 신춘문예에 등단한다는 전설이 들어 있기 때문이다. 물론 일부러 빠지면 몸에 심한 부스럼이 생긴다고 한다.

그 연못 뒤에는 활처럼 휜 멋진 건물이 있다. 문예창작과 학생들의 창작실과 음악대학 학생들의 연습실이 있는 곳이다. 대학마다 거의 예외 없이 귀신이 살듯이, 이곳에도 밤늦게 여자귀신의 울음소리가 들린다 한다. 그런데 그 울음소리가 아무래도 특이하다. 문예창작과 학생들은 여자귀신이 '기피가 업서, 기피가 업서'라며 운다고 했다. 학생들의 해석인즉, 쓰고 있는 시나 소설의 '깊이가 없어서' 원통해서 운다는 것이다. 학생들의 예술적 열정과 고민이 귀신울음 소리에 투영되어 울려나온 셈이다. 이 아름다운 귀신 울음소리를 듣는 학생도 있고 듣지 못하는 학생도 있을 것이다. 소리에 민감한 음악대학 학생들은 어떤 의미와 빛깔을 띤 귀신 울음소리를 들을까.

이 활처럼 휜 건물의 1층 창문턱이 낮은 편이다.

몇 년 전만 해도 재미삼아 혹은 별 생각 없이, 학생들은 이 창턱을 넘나들곤 했다. 학교 당국도 굳이 그 학생들을 가려내지 않았다. 대신에 건물 창가를 따라 조팝나무를 심었다. 해가 지나자 그 가늘고 긴 가지들의 허리에서 하얀 꽃들이 올라왔고, 연약한 꽃잎들 때문인지, 학생들이 창턱을 점점 넘나들지 않게 되었다. 조팝나무 곁에서 명상에 잠기거나 책 토론을 벌이곤 했는데, 그런 풍경을 바라볼 때면, 조팝나무를 심은 사람의 지혜와 의도가 느껴졌다. 학생들에게 '하지 말라'고 벌이나 금기대신 매년 화려함을 더하는 아름다운 꽃을 학생들에게 선물로 준 것이다.

모든 인간이 예술가가 될 순 없다. 하지만 보통 사람들도 세상의 평범하고 볼품없는 것들을 더 귀하고 아름다운 것으로 바꿀 수 있는 예술적인 힘을 지닌 듯하다. 인간의 지혜로운 의도는 자신뿐만 아니라 타인과 이 세상을 아름답게 바꿀 수 있는 힘을 가지고 있는 것이다. 보통 사람도 예술적 함량이 높은 혹은 낮은 삶을 선택할 수 있는 이유이다. 주변에 있는 평범한 찻잔, 램프, 편지 한 통도 영감 있는 대상으로 바꾸어보자. 평범한 지인들도 기쁨의 모태라면 얼마나 좋을까.

아무래도 밝혀야 할 것 같다. 이 글을 쓰면서 학교 본부에 확인하니, 꽃잎 모양이 비슷해서 여태 조팝나무라 여겼던 나무들은 쥐똥나무였다. 다 익은 열매가 쥐똥 모양이어서 이름이 그렇게 붙었단다. 미안하다, 쥐똥나무! 이 시점에서 제대로 이름이 밝혀진 것은 우연일까! 억울했던 쥐똥나무의 의도일까. 여하튼 '예술가의 똥'과 '쥐똥나무'가 발음상 너무 잘 조응해서 우습고도 놀라웠다.

생각을 하게 만드는 물건이나 개념을 만나는 것은 행운이다. 그보다 무엇을 보건 머리에 생각을 할 수 있는 힘이 있으면 행복이다.

가을과 거울의 교감을 위하여

현대인들이 사용하는 맑고 투명한 거울은 유리판의 뒷면에 주석박을 붙이는 방법으로 12~13세기 이탈리아 베네치아를 중심으로 만들어져 16~17세기에 걸쳐 유럽 전역으로 퍼져나갔다. 우리나라에서는 조선 말기에 들어와서 사용되었는데, 당시 남편이 장터에서 귀한 물건이라는 거울을 사서 부인에게 선물을 하고 두 사람이 같이 거울 구경을 하는데, 부인은 남편 옆에 웬 낯선 여인이 서 있는 모습을 보고 몹시 화를 냈다는 이야기가 있다. 이후, 맑고 투명한 거울은 우리의 외양을 비추는 아주 정직한 거울이 되었다. 지금처럼 외모에 집착하게 된 것도 이 맑고 투명한 거울의 영향이라 해도 과언이 아닐 것이다.

시대의 변화와 함께 외모는 개인의 스펙이나 사회적인 힘으로 작동하게 되었다. 그러다 보니, 최근 우리 사회에서는 외모 때문에 좌절하거나 우울증에 걸리는 사람이 생겨나고 있다. 성형의 후유증 등으로 자살을 선택하는 젊은이도 있어 안타까움을 더하고 있다. 젊음이라는 전설적인 힘을 가진 청춘들이 외모에 대한 압박감에 눌려 극단적인 선택을 하고 마는 것이다. 그렇다고 주변의 거울들을 전부 깨서 없앨 수도 없는 노릇이다. 외모에 지나치게 집착하는 사람들의 공통점이 자존감의 결여라는 전문가의 의견이 있다. 그렇다면 자존감을 높일 수 있는 방법은 무엇일까.

언젠가 작가 최수환 씨의 작품 '검은 거울'(작품명은 'emtiness')을 보면서 어릴 적에 들었던 이야기, 우리 조상들이 화장실에서 들여다보던 거울을 떠올린 적이 있다. 이문열 씨의 단편소설 『타오르는 추억』 속에는 지붕 없는 뒷간의 으스름 달빛 아래서, 어린 주인공이 숨겨간 거울 조각을 통해 뒷날의 아내 얼굴을 보는 장면이 나온다. 그 검은 거울 속의 이미지는 자신의 이상형, 어쩌면 C.G. 융의 '아니마'와 '아니무스'의 합체일 가능성이 높다. 남성에게 들어 있는 여성성인 아니무스와 여성에게 들어 있는 남성성인 아니마가 동시에 나타나는 것이다. 인간은 언젠가부터 이들 중 하나를 잃어버려 본능적으로 항상 찾아다니게 되었다고 한다.

이런 현상은 신경과학에서도 찾아볼 수 있는데, 상대방의 마음을 읽을 수 있는 능력을 담당하는 뇌의 부분을 '거울신경체계'라고 한다. 인간은 일생에 한번 정도 상대의 기쁨이나 슬픔 등 모든 감정을 동시에 포착할 수 있는 초인적인 힘이 생기는데, 그것이 사랑에 빠졌을 때라 한다. 신경전문의 김현철 씨는 자신의 저서 『불안하니까 사람이다』에서 "우리 뇌에는 연결선이 없이도 정보를 서로 주고받을 수 있는 스마트폰처럼 상대방의 뇌의 정보를 알 수 있는 일종의 와이파이 혹은 블루투스 같은 조직이 작동한다."고 적고 있다. 사랑에 빠지면 "거울신경 체계의 자물쇠 역할을 하는 좌반구의 기능"이 변화를 일으키는 것이다. 이때 거울신경체계는 타인과의 공감력을 통해 다시 자신을 발견하게 된다는 것이다.

요즘 우리 사회의 외모지상주의는 그리스 신화에 나오는 나르시스의 연장선상에 있는 듯하다. 오로지 거울 속의 자신의 모습에 반해 혹은 좌절해서 비극적인 결과를 초래하는 것이다. 진정한 거울의 다른 기능은 자신의 모습을 직시하고 그 부족한 부분을 타인을 통해 보완하고 교감하는 것이 아닐까. 검은 거울에 비친 또 다른 나인 아니마 혹은 아니무스를 만나야 할 것이다. 이 늦가을에 검은 거울 속의 누군가를 만나길 바란다. 부족한 부분을 채워주고 그대의 자존감을 높여줄 사람, 운이 좋다면 사랑에 빠져 기적 같은 소통력과 공감력을 체험하길 바란다. 이 가을에, 눈부시게 빛나는 당신을 거울 속에서 만날 수 있기를!

공감하는 능력이 크면 클수록 타인에게 매력적인 사람이 된다.

누군가의 그대가 되는 방법

늦가을의 소소한 바람에 실려 엽서 한 장이 도착했다. 홀연히 날아온 엽서에는 스페인 발 주홍빛 우표가 붙어 있었다. 엽서에는 잔잔하면서도 투명한 강물이 주변 언덕 위 풍경을 담고 조용히 흐르고 있었다. 유언장을 써놓고 스페인 산티아고로 순례길을 떠난 소설가 서영은 선생에게서 온 것이었다. 순례 코스 7일째, 출발한지 7시간 째, 어깨의 짐 때문에 살갗이 벗겨진 상태에서 앞을 분간하기 어려운 장대비 때문에 진창에서 발목까지 접질리고 방향을 표시하는 노란 화살표를 잃어버렸다고 적혀 있었다. 엽서는, 외롭고 무서운 길을 끝없이 걷다가 산 아래 동네 첫 집에 이른 후 25유로에 샤워와 따뜻한 수프를 얻고 기뻐하면서 쓰신 것이었다.

그 엽서를 받고난 뒤, 필자는 허망한 소망 하나를 품게 되었다. 영화 '벤자민의 시계는 거꾸로 돌아간다' 속의 벤자민 같은 남자를 만나는 것이었다. 여주인공은 어린 소녀에서 늙은 여자로 변해가지만, 벤자민은 조로증 때문에 쭈글쭈글한 할아버지로 태어나 시간과 함께 점점 젊음을 되찾아가는 인물이다. 두 사람은 서로가 청춘일 때 사랑을 하다가 헤어지지만, 벤자민은 어느 나라 어느 장소를 가든지 여자 주인공에게 엽서나 편지를 띄웠다. 벤자민이 갓난 아기가 될 즈음, 할머니가 된 여자 주인공은 침대에서 죽음을 기다리며 편지 묶음들을 딸에게 꺼내 보여주게 된다.

이런 비슷한 이야기가 소설이나 영화에만 있는 것은 아니다. 아내에게 천 통의 편지를 쓴 남편이 이미 신문지상에 소개되어 부러움과 질투의 대상이 되었던 적이 있다. 한 계절이 다가도, 한 해가 다가도, 평생토록 한 통의 편지도 받지 못하는 사람도 있는데, 계절과 장소가 바뀌고 감정의 변화가 일 때마다 편지를 보내주는 사람이 있다면, 그 삶이 얼마나 풍요로울까.

세상의 수많은 관계망 속에서도 느껴온 결핍이 채워지지 않을까. 문득 가을엔 편지를 할 테니 누구라도 그대가 되어 받아달라는 고은의 시 '가을편지'가 떠오른다. 여행지에서 그림엽서를 끊임없이 띄워줄 사람이라면 이성이 아니어도 깊게 사랑하게 되지 않을까 싶다.

허망한 소원의 반작용처럼, 언젠가부터 도리어 필자가 여행지에서 엽서를 하나 둘 띄우게 되었다. 그러다가 누군가의 '그대'가 되는 비법을 나름 터득했다. 상대방의 이름을 가만히 부르면 된다. 민희야, 정호야, (귀염)둥이, 존경하는 교수님, 보고 싶은 선배하고! 한데, 이런 호칭들은 묘하게도 계절이나 날씨의 변화와 함께 나타나는 것이다. 가령, 돌풍에 나뭇잎에 죄다 떨어지는 것을 보고 북풍이 불고 있다고 예감한 소설가 하성란 씨도 "그냥 어느 날 저녁 H씨"를 부르며 연애편지를 썼고, 대설주의보가 내려진 서울에 흰 눈이 쌓이는 것을 목격한 시인 유자효 씨도 "존경하는 김남조 선생님" 하고 편지를 남겼다. 계절이나 날씨가 편지의 관례적인 인사말일 뿐만 아니라, 그대의 이름을 부르게 해주는 자연의 배려라는 사실도 새삼스레 깨닫는다.

이 아름다운 계절에, 그 누구의 그대도 되지 못한다면 조금 쓸쓸하고 외로울 것 같다. 그런 의미에서 우리 각자 한 통의 편지를 써 보면 어떨까. 뜬금없이 무슨 편지타령이냐고, 나는 편지 쓰는 방법 모른다고 쑥스러워하는 사람도 있을 것이다. 그런 사람들을 위해 고려대 교수이자 소설가인 송하춘 씨의 이야기를 전해주고 싶다. 출판사로부터 연애편지를 공개해달라는 요청을 받고, 그는 아내에게 보관하고 있는 연애편지들 가운데 한 편만 골라달라고 한다. 아내는 연애편지를 받아본 적이 없는데 어떻게 보관하느냐며, 오랫동안 감추고 있던 섭섭함을 남편에게 드러냈다. 송 씨는 그 말을 듣고 큰 결심을 하게 된다. 같이 방을 쓰는 아내임에도 불구하고 연애편지를 쓴 것이다. 아내는 기꺼이 답장을 보내주었다. 그렇게 한평생을 함께 산 부부는 초로의 나이에 용기있게 연애편지를 띄었고, 서로에게 그대가 되었다. 그 편지들은 『작가들의 연애편지』에 실렸다. 편지 쓰는 정서를 잃어가는 사람들을 위해 모인 '편지 쓰는 작가들의 모임'에서 출간한 서간집이다.

수많은 인간관계 속에서도 서로 파편처럼 흩어져있는 것은, 우리가 누군가의 그대가 되는 간단한 방법을 간과하고 있기 때문이 아닐까. 방법은 아주 간단하다. 일단, 조용히 펜을 들어보자. 그다음에 머리에 떠오른 그 사람의 이름을 적으면 된다. 계절이 어떻게 바뀌고 있는지, 추운 날씨가 왜 그대를 생각나게 했는지 느껴지는 대로 쓰면 그만이다. 작가들처럼 미사여구와 빼어난 문장들로 상대방을 녹다운 시켜 버릴 생각만 버린다면, 편지쓰기는 매우 쉬워진다. 사람을 감동시키고 설득하는 것은 그 사람의 솔직한 마음과 진솔한 어투가 아닌가. 빨간 우체통을 찾아 아름다운 단풍들이 떨어져 내리는 가로수 길을 걸어가 보자. 당신이 누군가의 그대로 변해가는 길이다. 가을과 겨울의 경계에 선 태양이 눈부시거든, 인간의 삶에도 때론 빛나는 순간이 있다고 태양에게 답신해줘도 좋지 않겠는가.

한 인간의 인생에 한 통의 연애편지와 한 통의 우정 편지도 날아들지 않는다면 행복해질 수 있을까. 아무도 보내주지 않는다면, 내 쪽에서 쓰면 된다. 썼지만 차마 붙일 수 없다면 붙이지 않아도 된다. 편지를 쓸 수 있는 상대방이 있다는 것만으로도 이미 충분하다.

5월에는 탱고를

춤을 배우기 시작한지 6개월이 더 지났다. 아파트에서 운영하는 헬스장을 관두고 춤을 배우기 시작한 것은 나름 이유가 있었다. 예전에는 조깅이나 헬스를 즐겼는데 나이 탓인지 점점 운동하는 습관이 사라져 가는 것 같았다. 더구나 소설 쓰느라고 앉아 있는 시간이 많아지자 허리의 라인(?)도 불분명해지고 혈액순환도 원활하지 않았다. 어느 날 아파트 단지에 딸려 있는 상가건물에 '탱고 · 자이브 · 왈츠를 가르쳐 준다'는 플래카드가 걸려 있는 것을 발견했다. 학원은 수년 전부터 그곳에 있었다는데, 왜 그날에서야 눈에 띄었는지 알 수 없었다.

그렇게 3개월 수강료를 지불했다. 퇴근하고 지친

몸으로 헬스를 갈 수는 없을 것 같은데, 왠지 음악에 맞춰 춤을 춘다고 생각하면 발길이 저절로 옮겨졌다. 재미있는 사실은 춤을 배우는 첫날부터 지금까지 필자가 맡은 역할은 남자였다. 저녁시간대이고 홍대 부근이다 보니 대학생, 근처 직장인, 그리고 주부들이 대부분인데, 짝을 맞추면 남자가 모자랐다. 필자가 남자 역을 배정받은 이유는 키가 크다는 이유였다. 남자는 여자들을 리더해야 하기 때문에 에너지 소모가 많은 편이다. 마음에 맞는 남자와 춤을 추지 않는 바에야, 목적이 운동이었던 만큼 불만은 없었다.

그동안 왈츠와 자이브를 배웠다. 여자들의 상대역을 해주니 여자들을 새 친구로 사귀게 되어 일석이조였다. 여자 파트너들을 안고 춤을 추다보니 춤을 배우는 한국 여자들의 애환을 나름 들을 수 있었다. 필자는 프랑스에서 유학생활을 한 탓에 파티에서 남녀가 춤을 추는 문화에 익숙한 편이어서 잘 몰랐던 사실이었다. 춤을 배운다고 하면 '불륜' 등의 이상한 상상을 할까봐 조심하는 것이다. 동네의 가까운 학원을 두고 아는 사람이 없는 먼 곳까지 오기도 하고, 혹여 남편이 싫어해서 말리면 춤을 배울 수 없기 때문에 남편이 퇴근하기 전에 가야 한다며 다른 사람보다 먼저 나서는 여성도 있었다. 필자처럼 춤 배운다고 주변에 떠들고 다닌 여자는 별로 없었던 것이다.

학원에서는 1년에 한 번 댄스파티를 하는데, 작년 12월에는 같은 스승 밑에서 배우는 여러 시간대의 제자들이 모여 연말 댄스파티를 했다. 아침 시간대나 낮 시간대에 춤을 배우는 사람들까지 여러 부류가 모였다. 교수, 방송인, 작가, 주부, 대학생이 있는가하면, 머리에 허옇게 눈이 내려앉은 70대의 노인도 관절염을 안고 즐겁게 춤을 추었다. 아파트 길 건너편 반지하의 작은 세탁소에서 스팀 다림질에 얼굴이 항상 찌든 듯 보였던 여주인이 영화배우처럼 아름답게 머리를 틀어 올리고 파티복을 입고 나타났을 때는, 구차해 보였던 일상이 영화장면처럼 아름답게 변했다.

그 연말 댄스파티에서 가장 인상 깊은 쌍은 은퇴한 노교수 부부였다. 그들은 은퇴 후의 시간활용을 위한 수많은 시도들 중, 가장 훌륭한 선택이 춤이라고 했다. 삶이 즐거워졌으며 건강도 부부관계도 좋아졌다고 했다. 수년간 단련된 노부부의 춤은 신뢰처럼 우아하고 부드러웠다. 그런데 그 노부인이 남편과 똑같이 나비넥타이를 매고 와서 눈길을 끌었다. 그 복장으로 남편과 함께 춤을 출 때는 여자 역을 했고, 시간이 날 때마다 남아 있는 여자들의 남자 파트너가 되어 주는 배려를 보였다. 그녀의 춤은 경지에 올라 남자 역할과 여자 역할을 다 터득하고 있었던 것이다.

영국에서 유학하며 춤을 배웠다는 학원원장과, 그에게서 춤을 배운 수석 제자가 우리를 교대로 가르친다. 그들은 교습생들에게 "이미 늙어버린 것은 책임지지 못하지만 앞으로는 더 늙지 않게 해줄 수 있다"고 장담하곤 한다. 춤이 젊음을 유지해준다는 뜻이다. 한국은 춤이 어릴 때부터 자연스럽게 몸에 배인 문화가 아니어서, 춤 배우는데 따르는 주변 시선이나 심리적 부담감이 있는 듯하다. 그래서 다른 이들보다 5월 부부의 날을 맞이한 남편과 아내들에게 말하고 싶다. 어린이날이다 어버이날이다 남들 챙길 생각만 하지 마시고, 서로를 더 가깝게 느끼고 사랑하는 법도 배울 겸 같이 춤을 배우면 어떨까. 부부들이여, 5월에 춤바람이 나시라.

춤을 배우고 싶지만……

---

1. 사람들의 눈치가 보인다.
2. 몸치라고 생각해서 엄두가 나지 않는다.
3. 시간이 나지 않는다.
4. 돈이 없다.
5. 춤 배우느니 운동하겠다.

1~5에 해당하는 사람들은 운동하시기 바란다.

춤은 일단 시작하면 왜 일찍 시작하지 않았는지 후회할 것이다.

사랑고백, 때로는 몸으로

한 남자 대학생이 짝사랑에 빠져 버렸다. 여자는 긴 머리를 언제나 매끈하게 빗어 뒤로 묶은 스타일이었다. 동그란 얼굴에 하얀 피부를 지닌 그녀가 긴 머리를 푼다면 매우 낭만적인 분위기를 연출할 것이 틀림없었다. 친구들이나 선배들은 그녀의 그런 모습을 보기 위해 애썼다. 머리에 흉터가 있다고 놀려대기도 했다. 그러나 그녀의 머리 모양은 변함이 없었고, 그녀의 반응은 항상 똑같았다.

"사랑하는 남자가 생기면…."

그녀를 짝사랑하던 남학생은 군 입대 통지서를 받았다. 그녀를 처음 본 순간부터 줄곧 가슴앓이를 해왔지만, 그 마음을 전할 방법도 용기도 없었다. 군복

무를 마치고 다시 학교로 돌아올 때쯤이면, 그녀는 졸업했거나 다른 남자를 만나 시집을 갈 나이였다. 입영은 대부분의 경우 사랑하는 여자와의 영원한 이별이나 다름없었다.

입영 전날, 과에서 조촐하게 송별회를 마련해주었다. 1차에서 식사를, 2차에서 술을, 3차에서 서로 어울려 춤을 추었지만, 남학생은 그녀에게 자신의 애틋하고 절박한 감정을 표현할 수가 없었다. 안타까운 순간순간이 무심히 흘러가고 있었다.

드디어 헤어지는 시간이 왔다. 다행스럽게도 남학생과 그녀의 집이 같은 방향이었다. 둘은 버스를 탔고, 나란히 앉게 되었다. 술기운 혹은 사랑의 기운 때문인지, 남학생은 한 마디도 건네지 못하고 앉아 있었다. 그녀도 마찬가지였다. 남학생은 그 침묵이 주는 따뜻함과 포만감만으로도 거의 실신할 지경이었다. 그 덜컹거리는 밤 버스에서의 길고도 짧은 시간이 그가 누릴 수 있는 사랑의 마지막 잔이 아니겠는가. 드디어 그녀가 먼저 내릴 차례가 되었다. 그녀는 짧고 무심하게 말했다.

"창의, 연락 줘야 해."

드디어 버스가 정거장에 멈춰 섰다. 사랑하는 여자의 마지막 모습이나 눈여겨봐 둘 생각으로, 남학생은 초조하게 고개를 들었다. 버스 출입문이 열렸다. 순간 출입구로 내려서던 그녀가 주춤했다. 어! 그녀가 손을 머리 뒤로 가져가더니, 순식간에 머리를 묶고 있는 고무줄을 뽑아 내렸다. 꽁꽁 묶여있던 머리 스타일이 마법처럼 풀렸다. 그녀는 천천히 버스를 내려서고 있었고, 머리채가 검은 나비들처럼 흩어지며 나부꼈다.

이 러브 스토리는 정해종 시인이 군대시절 열정으로 방황하던 신참에게 들은 이야기라 했다. 사랑의 마음을 전할 순간과 방법을 찾지 못하는 이들을 위해, 들은 그대로 적어보았다.

서울을 깨우는 시계

아침에 눈을 뜨면서 가장 먼저 듣게 되는 소리가 무엇일까? 사람마다 차이가 있겠지만, 현대인들은 자명종 소리에 가장 익숙할 것이다. 자명종 소리에 잠을 깨는 이런 습성은 아마 시계의 발명과 함께 형성되었을 터이다. 과거에는 봉창가의 새소리를 듣고 아침이 온 것을 알았을 테지만 정확한 시간을 안 것은 아닐 것이기 때문이다.

조선시대에는 시간을 알리는 종루(현재의 종각)가 있었다. 종루에는 앞서 물시계가 걸려 있었는데, 물시계는 누수기에 담긴 물의 양이 말라가는 것에 의해 나타나는 눈금을 읽어낸 것이다. 세종대왕은 눈으로 꼭 보아야하는 불편함 없이 귀로 시간을 알 수 있는 시계를 꿈꾸었고, 결국 자격루라는 듣는 시계를 만들어냈다. 자격루는 일정 시간이 되면 목인(나무로 만든 인형)들이 소리를 한 번 혹은 두 번 울리는 식으로 시간을 알려주는 것인데, 조선시대에는 이 자격루에 맞춰 종루의 종을 울려 시간을 알렸다.

조선시대 한양의 아침을 깨우는 종소리는 '파루'라 하여 33번을 울렸다. 당시 한양은 북쪽의 백악산과 인왕산 그리고 남쪽의 목멱산의 산봉우리를 따라 도성을 이룬 닫힌 공간 안에 자리 잡은 수도였고, 종루는 바로 그 한양의 중심을 가로지르는 운종가의 복판에 자리 잡고 있었다. 종루에서 종이 33번 울려 퍼지면 도성을 여닫는 4개의 대문과 4개의 소문이 일제히 열리고, 한양의 사람들이 일제히 눈을 뜨면서 새로운 날의 시작을 알게 되었다. 조선시대에는 큰 자명종 하나로 한양 사람들 전부를 깨운 셈이다.

현재 종각에서 종소리가 울리는 것은 1년에 단 한 번 뿐이다. 바로 새해가 왔음을 알리기 위해 그 옛날 파루처럼 33번의 종을 울리는 것이다. 이는 새해의 기쁨을 나누는 일종의 공식행사일 뿐 소리로 아침잠을 깨우는 의미는 없다. 물론 조선시대처럼 종루의 자명종 하나로 서울 인구를 전부 깨울 수도 없고, 그래서도 안 될 것이다. 요즘처럼 집집마다 여러 개의 시계가 있어 같은 시간에 맞춰도 이방 저 방에서 우는 소리도 다르고, 일부러 한 시간씩 당겨놓고 한 시간 빠른 삶을 사는 사람도 있고, 시계 하나로 안심이 되지 않아 두 개 세 개의 자명종을 맞춰 놓기도 하기 때문이다.

필자는 광화문에서 종각을 지날 때마다 우리 민족의 시간과 소리를 합치시키는 꿈을 꾸곤 한다. 지금처럼 빌딩 뒤로 물러나 있는 종각이 아니라, 조선시대 모양을 본 따 대로 위로 크고 높직하게 2층 종루를 짓고 그 아래 우마차(자동차들)가 지나다니게 하는 것이다. 종루에 설치된 자격루는 정해진 시간에 아름다운 목인 소리를 내게 될 것이다. 이는 영국 런던의 빅벤 혹은 체코 프라하의 천문시계처럼, 한국의 상징적인 건축물이 될 수 있을 뿐만 아니라 우리 고유의 소리를 삶 깊숙한 곳에서 복원하는 작업이 될 것이다. 서울하면 외국인이건 우리나라 사람이건 떠올릴 수 있는 이미지 종루 그리고 소리의 종루가 만들어졌으면 좋겠다.

현대인들은 가정이나 소지품 속에 이미 시간을 알려주는 여러 개의 기기들을 가지고 있다. 시간보다 시간을 해석하는 문화를 더 중요하게 여겨야 할 때이다. 그런 의미에서 조선시대의 종루를 복원하여 '듣는 시계'를 만들고, 욕심을 더 부린다면 시청 신축사 앞에 '보는 시계'인 물시계 하나쯤 떡 내걸렸으면 좋겠다. 그래서 종루의 종소리 하나로 네 대문과 네 소문을 열었던 정신을 되살리도록 말이다. 각자 닫힌 세계 속에서 주장과 큰소리만 있고 시간이 공전하는 국회나 학계 노동계가 정신적인 깊은 잠에서 깨어날 수 있도록 말이다. 그리고 새해의 종소리처럼 나라의 기쁜 일에, 국민들이 같이 즐기며 환호할 수 있는 기쁨의 종소리가 되었으면 좋겠다.

삶속에서 소리를 향유하는 능력이 있어야 영혼이 깨어나고 감각이 발달한다. 종소리, 음악소리, 연인이 속삭이는 소리, 바람소리, 창문 여닫는 소리, 누군가를 부르는 소리, 책 읽는 소리, 요리하는 소리, 도움을 요청하는 소리…… 그렇지 않으면 모든 소리는 잡음일 뿐이다.

자화상 그리는 날

하루에 우리는 몇 번이나 자신의 얼굴을 보는 것일까? 세수하면서, 화장하면서, 엘리베이터 안에서, 쇼윈도우에서, 자동차 백밀러에서, 휴대폰 액정 속에서, 심지어 화장실에서도 얼굴을 들여다본다. 거울에 비친 모습이야 대부분 비슷하지만 그래도 확인하고 또 확인한다.

거울에 비취는 모습에 만족하지 않고, 자신의 얼굴을 스스로 그리는 사람도 있다. 가령 어린 시절 우리 대부분은 도화지에 자신의 얼굴을 그리거나, 자신을 중심으로 어머니와 아버지를 그린 경험이 있다. 비록 동그란 선 하나에 눈·코·입을 찍어 붙였지만 자신이 바라보는 자신의 모습이었다. 커나가면서 대부분의 사람들은 그 일을 그만두지만, 유독 어른이 되어서도 자신의 얼굴을 계속 그리는 사람들이 있다.

김수환 추기경은 2007년 동그란 얼굴에 눈, 코, 입을 그리고 밑에 '바보야'라고 적은 자화상을 선보인 적이 있다. 그림을 직업으로 삼는 미술작가들은 수시로 '한국 미술작가들의 자화상전'과 같은 전시회를 열고, 2008년 프랑스 문화원에서 열린 '작가들의 자화상전'에서는 소설가 박범신 씨가 산을 모자처럼 쓰고 있는 모습을, 소설가 서영은 씨는 땅속에 묻혀 사유가 깊어가는 고구마 얼굴을 선보였으며, 최근 소설가 마광수 씨는 다시 태어나면 갖고 싶은 야한 여자의 얼굴을 그려 보여주었다.

자화상은 르네상스 초기인 15세기경부터 많이 그려졌는데, 이는 인간의 외적 아름다움보다 자신의 내적 자각이 강해진 시기와 맞물려 있다. 자화상을 많이 남긴 화가로는 빛의 화가라 불리는 17세기 렘브란트, 모델을 고용할 돈이 없어 자신의 얼굴을 모델삼아 수많은 화법을 실험한 19세기 고흐, 그리고 같은 시기의 고갱도 자화상의 대가이다. 그리고 수많은 현대 작가들도 자화상을 통해 내심과 새로운 표현법을 추구해왔다.

나라마다 사람마다 자화상을 그리는 도구와 방법은 천차만별이다. 유화나 판화뿐만 아니라 연필, 크레용, 쓰다 남은 화장품, 심지어 갈색 커피나 달력을 찢어 그린 것도 있다. 이런 다양한 화법에도 불구하고 자화상들의 공통점이 본래 얼굴을 전혀 닮지 않았다는 사실이다. 거울에 비친 얼굴도 주변 사람들이 아는 얼굴도 아니다. 모습을 닮고 안 닮고를 떠나, 아예 성별을 뛰어넘기도 하고, 인간의 모습을 초월하기도 한다. 이는 오로지 자신만이 아는 자신의 모습인 것이다.

자화상은 외부에서 요구하는 얼굴이 아니라 내부의 목소리가 원하는 얼굴이다. 이는 타자의 시선을 의식하지 않고 자신만의 독특한 감각으로 세상을 살아가는 사람들의 얼굴이다. 김수환 추기경의 '바보'가 얼마나 새로운 것을 갈구하면서도 자율적인 삶을 살았는지를 기억해야할 것이다. 외부의 경쟁이나 평가에 지친 우리는 자신의 얼굴을 되찾을 필요가 있다. 잃어버린 혹은 잊어버린 자신의 얼굴을 되찾는 것이다. 자화상 하나 정도는 가지고 있자. 1년에 한번 씩 변하는 자신의 모습을 그려가도 좋을 것이다.

참고로 책의 마지막 부분에 김다은 자화상을 첨부하였다.

제3부

옷 입은 마야와 옷 벗은 마야

내가 본 것에 대한 두려움

세계적인 심리학자인 칼 융은 어릴 때 집 앞의 거리에서 혼자 모래장난을 하고 있었다. 그때 멀리 숲 속에서 챙이 넓은 모자를 쓰고, 길고 검은 외투를 입은 사람이 걸어오는 것이 보였다. 천천히 걸어오는 그는 여자 옷을 입고 변장한 남자였다. 악한 의도를 품은 듯 보이는 그 형상에 칼 융은 죽음과 같은 공포를 느꼈다 한다. 그는 집안으로 뛰어 들어 어두운 다락방에 숨었고, 그 악마의 형상은 그의 어린 시절을 괴롭혔다.

칼 융은 어릴 때부터 자신이 본 것에 대해 철저하게 숨기며 어린 시절을 보냈다. 검은 옷을 펄럭이는 악마를 보았다고 입을 열었다가는 낭패를 당할 수 있었기 때문이다. 그는 목사의 아들이었다. 목사의 아들이 악마를 보았다고 하면, 사람들은 아버지의 영혼을 허약하게 여기거나 영적 지도자로서의 능력을 의심할 수도 있었다. 게다가 그것을 보고 다락에 숨기까지 했으니 칼 융은 자신의 허약함을 자인할 수밖에 없었다. 하지만 많은 시간이 지난 후, 칼 융은 자신이 보았던 것이 악마가 아니라 검은 예복을 입은 가톨릭 신부였다는 것을 알게 되었다.

칼 융처럼 우리도 자신이 본 것을 입에 담지 못하도록 억압받는 경우가 많다. 다른 사람이 보지 못하는 것을 보았다고 하면 이상한 혹은 비정상적인 사람으로 취급받게 되기 때문이다. 그래서 본 것을 그대로 말할 수 없게 된다. 문제는 스스로 느낀 것에 대해서도 자신할 수 없게 된다는 점이다. 점점 내가 본 것을 의심하게 되고 따라서 다른 사람들이 보는 대로 보는 척하는 경우가 많아진다. 내가 본 것에 대한 두려움을 지니며 살아가는 것이다.

최근 소설창작 수업시간에 학생들과 함께 자신이 본 것에 대한 두려움을 이야기한 적이 있다. 학생들은 방구석 어둠 속에서 나타나는 하얀 손을 보기도 하고, 책상 앞에서 졸고 있으면 귀를 때리는 큰 손뼉소리를 듣기도 하고, 거울 앞에 나타나는 여자의 얼굴에 소스라치기도 하고, 머리를 드나드는 귀신같은 존재를 느끼기도 하고, 나를 주시하는 나를 보기도 한다고 했다. 거침없이 자신이 본 것을 쏟아내는 학생들을 보며 나는 그들이 머지않아 작가로 거듭나게 될 것임을 직감했다. 그들이 본 것은, 칼 융이 보았던 '악마의 형상을 한' 가톨릭 신부와 같은 존재들이었을 것이다.

칼 융이 세계적인 정신분석학자가 될 수 있었던 것은 어린 시절에 보았던 그 '검은 악마' 때문이라고 한다. 내가 본 것들 중에 타인에게 차마 말하지 못했거나 말해도 믿지 않는 것이 있을지라도 지나치게 두려워할 필요가 없다. 어쩌면 칼 융처럼 심리학자나 영감 있는 예술가가 될 수 있는 자질을 가진 사람일 지도 모르기 때문이다.

옷 벗은 마하와 옷 입은 마하

스페인 프라도미술관 하면 프란시스코 고야의 마하 부인을 빼놓을 수 없다. 마하 부인은 '옷 벗은 마하'와 '옷 입은 마하'가 쌍으로, 종교재판까지 받으며 수많은 일화를 남긴 유명한 작품들이다. 침대에 비스듬히 누워 두 팔을 머리 뒤로 한껏 올리고 요염하게 자세를 취한 여인인데, 하나는 실오라기 하나 걸치지 않은 전라의 마하이고, 다른 하나는 하얀 드레스에 붉은색 허리띠를 두르고 금색 신발까지 챙겨 신은 모습이다.

필자는 미술관을 방문할 때마다 인상적인 포스터들을 사오는 습관이 있다. 이번 프라도미술관 방문 때도 기념품 코너에 들렀더니 손님이 홍수처럼 밀려드는 탓인지 판매원이 일일이 화집이나 포스터 엽서 등을 건네지 않고, 손님이 직접 상품을 선택하도록 돼 있었다. 그런데 포스터는 펼쳐진 상태가 아니라 둥글게 만 상태였다. 원하는 그림이 있으면, 그 그림에 붙여진 번호표를 기억해서, 정해진 번호표 칸 안에 들어 있는 포스터를 꺼내어 계산대에 가져가기만 하면 되는 것이다. 미술관 측에서 미리 말아놓아 관광객들이 가져가기 편하게 배려한 것 같았다.

호텔 방에 돌아와 포스터를 풀었을 때 문제가 생겼다. 옷 벗은 마하는 제대로 가져왔으나 옷 입은 마하는 없고 대신에 전혀 엉뚱한 풍경화가 들어 있었다. 미술관 측에서 잘못 분류해 놓았다기보다, 관광객들이 포스터들을 뽑아보고 도로 끼워 놓는 과정에서 다른 번호의 포스터가 잘못 섞여든 듯했다. 자세히 보니 둥글게 만 포스터의 끝자락에도 그림 제목이 개미 만하게 적혀 있었으나, '숫자 바보'는 실체를 확인하지 않았던 것이다. 마음이 불편했던 것은 일정상 포스터를 바꾸러 갈 수 없어서가 아니라, 주변을 휩쓸고 있는 숫자놀음에 스스로 합류한 자신을 확인했기 때문이었다.

여행에서 돌아오니, 필자가 몸담고 있는 대학가는 숫자 놀음에 폭탄을 맞아 난리법석이었다. 지난해에 이어 올해도 전국의 43개 사립대가 정부 재정지원 제한대학으로, 13개교는 학자금 대출제한 대학으로 선정됐기 때문이다. 취업률, 재학생 충원율, 전임교원 확보율, 교육비 환원율 등 평가지표가 다 수치로 환산됐다. 하위 15%라는 수치도 마찬가지였다. 이런 수치에 의해서, 21세기 문화강국을 지향하는 대한민국은 예술대나 문화 관련 전공들이 많은 대학교들을 '부실대학'으로 분류하고 말았다. 수치만 확인하고, 대학의 실체를 확인하지 않아, 대학이 철통같이 보호해야 할 주요 학문과 영역들이 '옷 입은 마하'처럼 눈앞에서 사라질 위기에 놓였다.

대학가뿐만 아니라, 정치계에서도 사람들이 숫자놀음에 좌지우지되기 십상이다. 특히 선거철이 되면 숫자는 나라의 운명은 물론 당과 개인의 미래를 결정하는 바로미터가 된다. 언론은 쟁점이 되고 있는 후보들의 선호도 수치를 앞다퉈 보도하고, 선거가 끝나는 시점까지 국민들은 오르락내리락하는 그 수치를 결코 무시할 수 없다. 그 수치는 프라도미술관이 정해준 포스터 번호들처럼 제대로 물건을 찾아갈 수 있는 방향 설정의 화살표 같은 역할이기 때문이다.

하지만 수치에만 근거해 실체를 확인하지 않고 이 번호 저 번호 넣었다 뺐다 하는 과정에서 뒤섞이고 혼돈되어 엉뚱한 풍경화를 들고 온 것처럼, 엉뚱한 후보에게 표를 던지는 실수를 하게 될 가능성이 있다. 수치에만 의존하지 말고 여러 후보들의 실체를 차근차근 알아볼 필요가 있을 것 같다. 이를 위해 후보들의 생각이 점점 어떻게 변하는지 추적해가는 것이 무엇보다 유효할 것이다. 그렇게 되면 수치는 물론 선험적인 이미지와 전혀 다른 후보의 실체를 볼 수 있을 것이기 때문이다.

여행에서 느꼈던 정취와 감각을 좀 더 연장하는 방법으로 포스터를 액자에 넣어 한동안 벽에 걸어두곤 했다. 스페인 여행 후 짝하여 나란히 걸어두려고 했던 '옷 벗은 마하'와 '옷 입은 마하'의 꿈은 깨져버렸고, '옷 벗은 마하'와 풍경화 포스터는 둘둘 말려 방치되고 있다. 숫자 바보가 되는 것을 스스로 경계한다는 의미에서 이 '터무니없는 짝'을 액자에 넣어 한동안 걸어두어야겠다.

여행의 실패담이 더 귀한 추억으로 남는 경우가 많다.

오빠에서 남편까지

80년대 여성들은 대학 선배나 이성적인 감정의 남자를 '형'이라고 불렀다. 수적으로나 심리적으로 남성상위시대 여성들은 남자의 심기를 건드리지 않으면서 사회에 적응하기 위해 마치 여성성이 없는 것처럼 행동해야 했고, 그래서 선택한 호칭이 '형'일 것이다.

요즘 젊은 여성들은 남성들을 '오빠'라고 부른다. 친오빠, 남자선배, 연인, 심지어 남편까지 '오빠'로 통칭한다. 그런데 여성들이 여성성을 드러내면서도 여성을 가족처럼 유지하고자 하는 이 호칭 밑에는 불평등한 남녀관계와 사회적인 금기가 자리 잡고 있는 것 같다.

'오빠'는 친오빠의 의미에서 알 수 있듯이 나이가 어린 여자를 전제로 한다. 이런 성향은 최근 한 드라마에서 유행한 '애기야'에서도 볼 수 있다. '애기야! (Baby!)'는 서양에서 남녀가 서로를 부를 때 사용하지만 한국에서는 일부 대학생 외에는 주로 남자가 여자를 부를 때만 사용되어 남녀사이에 공평한 호칭은 아니다.

서로 사랑하지만 아직 결혼하지 않은 관계에서 부르는 '오빠'는 가족 같은 친밀감을 위한 것 같기도 하지만, 나아가서 보다 은밀한 사회적 터부와 연결되어 있다. 이성관계이지만 친오빠와 같이 가족적인 느낌을 유지하는 상황에서, 근친상간에 의한 성적인 결합을 함부로 해서는 안 된다는 사회적인 금기가 암암리에 들어 있다.

결혼한 부부사이에 부르는 '오빠'는 편안함과 무난함을 의미한다. 특히 혈연 중심 사회에서 결혼은 남녀를 씨족사회 일원으로 만든다. '우리가 남이가?' 하지만 결혼 전이나 후에도 남성들은 여전히 여성들 이름을 부르거나 심지어 '어이'나 '거기'로 불러 관계의 대등성은 갈수록 깨어진다.

부부 사이에 상대편을 부르는 '여보' '당신'이라는

호칭이 있다. 최근 한 결혼식 주례사가 여보는 보배와 같이 소중한 사람을 뜻하고 당신은 마땅히 내 몸과 같은 사람을 뜻하는 말이라고 해석을 했는데, 그 의미가 아름답다하여 인터넷에서 누리꾼이 여기저기 퍼 나르는 것을 보았다.

이는 사회적 터부 없이 남녀가 대등하게 서로 인식할 수 있는 호칭이 절실한 우리 시대에 자연스러운 반응이라 할 것이다. '이열치열'이라고 하지 않던가. 뜨거운 여름날 사랑에 불도 지를 겸, 연인을 부르는 다양한 호칭 공모대회 같은 것을 한번 해보면 어떨까? 사랑하는 연인에게 '오빠'라는 호칭이 이상하지 않은 것이 이상하지 않는가.

유일하고 창의적인 애칭을 만들어서 연인에게 사용해보자. 좋아한다고 한 호칭을 너무 오랫동안 사용하지 말고, 새 옷을 사듯 새 호칭을 때로 선물해보자.

밥맛과 된장녀

우리 주변에 신조어 '녀'가 우후죽순처럼 생겨나고 있다. 개똥녀, 폭행녀, 막말녀, 겨털녀, 성형녀, 어장관리녀, 국물녀 등. 이들은 일류 여배우보다 더 많은 스포트라이트를 받다가 순식간에 사라져버리는 경우가 대부분이다. 한데, 2006년 이후 야후 코리아가 조사한 인터넷 신조어와 유행어 1위에 올라 현재까지 건재한 신조어가 있으니 바로 '된장녀'이다.

된장녀는 2005년 주간지 '뉴스 메이커'가 스타벅스 커피를 즐겨 마시는 젊은 여성들에 대한 특집기사를 내보내고 나서 만들어진 표현으로, 경제적인 능력이 없어 가족에게 의존하면서도 비싼 커피를 즐겨 마시며 해외 명품을 선호하는 여성을 일컫는다. 된장녀의 어원은 '젠장'이 '된장'이 되었다거나 똥과 된장을 못 가린다는 뜻이라는 설이 있지만, 아무리 해외명품으로 치장해도 된장 냄새나는 한국여성이라는 뜻에 가깝다는 설도 있다.

시간이 흐를수록 된장녀는 그 의미가 확대 변질되어 최근에는 남성들이 생각하는 부정적인 여성상을 통틀어 지칭하고 있다. 가령, 지하철에서 노인에게 자리 양보를 하지 않은 여성이나 선본 자리에서 더치페이를 거부한 여성도 된장녀라 한다. 가방을 들고 두 발로 서 있는 개에게도 '강아지 된장녀'라는 이름이 붙여졌다. 머리끄덩이녀처럼, 대부분의 신조어들은 한 개인이 특정 사건에 연루되었을 때 만들어진 표현이어서 사건이 잠잠하면 잊히기 마련이다. 하지만 된장녀는 여성들의 소비 패턴과 맞물린 집단 현상에서 여성의 부정적인 이미지로 이어지면서 앞으로도 전혀 사라질 기미를 보이지 않는다.

문제는 이 신조어가 여성비하의 수준을 넘어 우리나라의 문화와 맛도 훼손하고 있다는 점이다.

스타벅스나 외국명품을 좋아하는 한국여성에 대한

부정적인 측면을 (굳이 해야 한다면) '스타벅스녀'로 표현했을 수도 있다. 그런데도 우리는 우리의 문화와 맛을 상징하는 '된장'을 선택했던 것이다.

사실 건어물녀(연애세포가 말라 건어물처럼 된 여성)나 베이글녀(아이 같은 몸매와 글래머 몸매를 가진 여성)처럼 음식이름으로 집단적인 현상을 지칭하는 다른 신조어들도 있다.

한데 된장녀가 특히 거북하고 비문화적인 이유는 한국 여성과 우리의 맛을 동시에 비하하는 자폭 수준의 신조어이기 때문이다.

한국인이 우리 고유의 음식을 부정적인 이미지로 강조하는 것은 사실 된장녀만은 아니다. 마음에 들지 않는 상대의 말이나 태도를 비난할 때, 우리는 무심코 '밥맛!'이라는 표현을 사용한다. 밥맛! 밥은 우리의 생명과 삶의 근원이 아닌가. 우리 문화의 기본 요소이기도 하다. 하늘의 태양과 비와 바람이 녹아들어간, 땅의 영양분과 농부의 땀이 스며들어간, 밥을 구하기 위한 우리의 노고가 겹겹이 배여 들어간 귀하디귀한 맛이다. 평생을 먹어도 질리지 않고, 한 끼만 걸러도 간절한 밥! '밥맛'은 평생을 함께 살아도, 곁에 있어도 늘 그리운 사람에게 붙여주어야 더 합당한 이름이 아닐까.

된장은 또 어떤가? 두부를 넣으면 두부 된장국, 시래기면 시래기 된장국, 각종 된장무침, 각종 된장조림 등 그 어떤 재료나 어떤 조리법도 잘 아우르면서 자신의 풍미를 잃지 않는 특성을 가지고 있다. 된장은 다른 재료의 비린내를 제거하거나 부패를 막기도 한다. 이는 어떤 어려운 상황이건 숙명처럼 받아들이면서도 본질을 잃지 않는 한국인의 기질과 일맥상통한다. 더구나 최근 항암 효능이 있다하여 다른 나라들이 엿보기 시작한 한국 고유의 맛이 아닌가.

우리는 2000년대 들어 신조어 양산에 열을 올려왔다. 신조어는 새로운 사상과 테크놀로지를 지칭하기 위한 문명의 산물이기에 우리 삶을 풍요롭게 해주는 단어들이 더 바람직하다.

이제는 좋은 신조어와 나쁜 신조어 정도는 구분할 능력이 생길 때도 되었다. 특히 밥과 된장 속에는 한국인의 자화상이 들어 있다. 우리가 신조어를 만들어가는 동안 신조어도 우리를 만들어가고 있음을 잊지 말자.

누워서 침 뱉으면 행복할 수 없다.

서울 없는 서울엽서

프랑스 파리를 관광할 때는 에펠탑, 콩코드 광장, 세느강 바또무슈가 담긴 엽서를 사고, 캄보디아 메콩강을 여행할 때는 강물에 잠긴 수상집이나 메콩강의 일몰 풍경 등이 담긴 엽서를 사기 마련이다. 가족이나 친구들에게 여행위치를 알리거나 여행의 숨겨진 아름다운 기억을 좀 더 오래 간직하기 위해서이다. 서울을 방문한 외국인들은 당연히 서울풍경이 담긴 엽서를 사고 싶을 것이다. 한데, 서울에 서울풍경이 담긴 엽서가 없다면?

지난 2008년은 한국 현대시 100주년이 되는 해였고, 이를 기념하기 위해 강원도 만해마을에서 '한국 현대시의 세계화와 번역의 문제'라는 국제학술 심포

지엄이 열렸다. 이 행사에 초청된 석학 중에는 필자의 프랑스 지도교수 부부가 들어 있어, 학술적 토론은 물론 한국 관광안내까지 맡게 되었다. 학술대회가 끝나고 남은 여행기간을 강원도의 해변 가나 경주의 관광코스에서 보낼 생각이었으나, 그들은 한국에서 제일 가보고 싶은 곳으로 '서울'을 꼽았다.

서울의 한 호텔에서 지도를 펼쳐놓은 후, 제일 먼저 그들은 서울시립미술관에, 그 다음에 '경복궁'에 동그라미를 쳤다. 하루 관광일정에 넣으면 좋을 곳을 묻기에 필자는 경복궁에서 멀지 않은 '인사동'에 동그라미를 했다. 프랑스 부부는 첫 방문지인 서울시립미술관에서 천경자 화백의 상설 전시 작품들과 당시 국내 작품들에 매우 흡족해했고, 관람을 끝내면서 엽서를 사고 싶어 했다. 기념품 코너에서 전시작품 엽서 외에 '서울을 담은 엽서'를 찾았으나 한 장도 보이지가 않았다. 필자는 '서울을 담은 엽서'는 인사동이나 다른 관광지에서 살 수 있으니 걱정하지 말라고 일러주었다. 하지만 갤러리, 심지어 인사동의 그 수많은 가게에서도 서울의 풍경을 담은 엽서묶음은 찾을 수가 없었다. 세계 제일의 관광국에서 온 프랑스 부부가 놀라는 이상으로 필자는 속으로 부끄럽고 속상해서 변명조차 할 수 없었다.

물론, 인사동에는 고궁엽서, 연꽃엽서, 일출이나 일몰의 시리즈 엽서들이 있었지만, '서울을 담은 엽서'는 아니었다. 서울시청 앞에서 40여 년간 물을 뿜어낸 분수대의 풍경이나, 그 후 분수대 대신에 조명에 따라 다양한 물줄기를 만들어내는 바닥분수가 들어선 서울시 광장을 담은 엽서는 없었다. 덕수궁 돌담길을 따라 멋지게 어우르진 전통건물과 현대식 건물, 덕수궁 왕궁 수문장 교대행렬 퍼레이드, 붉은 벽돌의 르네상스식 건축물로 검은 돔의 지붕을 가진 서울 구역사와 2004년 신축된 서울 새 역사, 서울 전역을 바라볼 수 있는 서울남산 타워, 외국 관광객들의 쇼핑과 관광명소인 이태원, 라이브 클럽이나 다양한 술집이 모여 있는 '홍대 앞'이나 대학로 등 '서울을 담은 엽서'는 어디서도 찾을 수가 없었다. (교묘히 우리 눈에 안 띄었으면 다행이지만 말이다.)

여정이 끝나고 집으로 돌아오는 길에, 캄보디아를

방문했을 때 관광객을 따라 떼로 모여 다니던 어린 아이들의 고사리 손에 들렸던 엽서묶음들이 생각났다. 관광지라면 선진국이건 후진국이건 가장 흔한 것이 그 지역의 독특한 건축물과 풍물을 담은 엽서가 아닌가. 우리는 관광대국을 꿈꾸면서도, '서울'을 위한 거대한 페스티발을 벌이면서도, 진작 '서울'의 아름다움을 우리 스스로에게 그리고 '서울'을 보러오는 외국 관광객들에게 보여줄 준비가 되어 있지 않은 것이다. 한 나라의 수도의 풍경을 담은 엽서는 단순한 그림엽서가 아니다. 자국의 아름다움과 역사성을 한꺼번에 인식케 해주는 문화적 핵심 이미지이다. 작은 종이짝처럼 보일지 몰라도, 엽서란 한 나라의 문화와 정신을 다른 나라 사람들에게 바람처럼 전하는 뛰어난 메신저가 아닌가.

서울 없는 서울엽서처럼, 엽서 한 장 없는 인생은 삭막하고 슬프다. 작은 종이짝처럼 보일지 몰라도, 한 장의 엽서란 한 사람의 영혼과 정서를 다른 이에게 바람처럼 전하는 뛰어난 메신저가 아닌가.

쌩얼 화장법의 정체

외국영화나 드라마에서는 주근깨가 쏟아진 아이가 주인공으로 등장하는 경우를 심심찮게 본다. 심지어 미용패션잡지의 표지에도 주근깨 여성이 표지를 장식하기도 한다. 이는 서양에서 주근깨를 바라보는 시각이 우리처럼 '주근깨박이'라는 부정적인 시각이 없기 때문일 것이다. 심지어 프랑스에서는 주근깨를 '미의 알갱이(grain de beauté)'라고도 부르니 도리어 아름다움의 한 요소로 보는 측면이 있는 것 같다. 반면에 한국에서는 여성의 얼굴에 올라온 것은 그 무엇이건 치명적인 잡티로 여기는 측면이 있다.

그래서 뭔가 감추기 위해 한국 여성들은 상대적으로 화장을 열심히 해온 편이다. 여성들이 화장하지 않고 외출하면 교양이나 센스가 없다고 여겨진다. 그런데 요즘은 '쌩얼' 열풍이 불고 있다. 쌩얼은 생얼굴을 줄인 표현으로, 화장을 전혀 하지 않은 얼굴을 일컫는다. 쌩얼이라는 이 새로운 유행이 외국처럼 여성의 주근깨나 잡티가 자연스럽게 화면 속에 등장하고, 화장을 벗어던지고 세상에 당당하게 자신을 드러내게 해주었으면 오죽 좋으랴. 하지만 쌩얼 열풍은 화장은 벗어던지되, 그 밑에 들어나는 바탕이 티 없고 주름 없고 잡티 없고 칙칙하지 않아야 한다고!

쌩얼 열풍은 연예인들의 학창시절 사진들이 인터넷에 올라오면서 처음 시작되었다. 연예인들이 화장하기 이전 어린 나이의 사진들이 호감을 사자, 화장기 없는 연예인들이 자신의 깨끗한 피부를 자랑하며 맨얼굴을 드러내기 시작한 것이다. 자연스럽고 순수한 이미지로 자신의 주가를 높여가며, 쌩얼 열풍은 점점 영화, 드라마, 광고까지 점령하여 연예인들뿐만 아니라, 20대가 주름 성형을 받고 있다 한다.

여태 화장으로 가까스로 자신의 단점을 커버하고 '교양'을 지켜오던 여성들은 심리적으로나 육체적으로 이중고에 빠지게 되었다. 쌩얼 열풍 때문에 생겨난 또 다른 신조어가 '쌩얼화장법'이다. 쌩얼처럼 보이려면 화장을 전부 벗어던져야 하는데, 그러면 얼굴의 약점이 드러나므로 이를 보완하는 보다 섬세한 고도의 화장기술이 필요하다. 강요된 미와 화장의 억압에서 벗어나서 자연미를 즐기기는커녕, 여성들은 아예 새로운 각오로 시간과 정성과 돈이 몇 배나 더 드는 화장을 해야 하는 상황이 된 것이다. 쌩얼화장법이라는 모순적인 신조어가 놀라울 따름이다.

쌩얼화장법처럼 타인도 속이고 자신도 속이느라고 욕보지 말자. 때로 쌩얼로 지내고 때로 정성들여 화장하자. 결과는 같을지언정, 진실과 거짓의 인식의 차이를 담고 있다.

'루저'는 우리 모두

알리스라는 소녀는 어느 날부터 살이 찌기 시작한다. 아름답지 않으면 남자에게 친절해야 한다는 아버지의 조언을 들은 후부터다. 얼굴의 눈코입의 구별이 없어지고, 허리의 굴곡도 사라져 온 몸이 둥글둥글해지더니, 마침내 거대한 소시지가 되고 만다. 알리스의 집에 놀러온 플라비오 형제는 알리스를 기다리다가, 집안에서 엄청나게 큰 소시지를 발견하게 된다. 마침내 그들은 주인도 없는 그 집의 소시지를 마음껏 잘라먹고 사라져 버린다.

이는 프랑스의 작가 소피 자페의 소설 작품 『알리스와 소시지』의 일부분으로, 살이 찐 소녀를 남자들이 더 이상 인간으로 보지 않고 칼과 포크로 난도질

해서 먹고 사라져가는 이야기이다. 우리의 현실을 반영한 섬뜩한 내용이다. 사람들은 여성들에게 언제나 아름답기를 강요하고, 특히 뚱뚱한 여자에게는 어떤 농담이나 모욕적인 말로 폄하해도 상관없다고 여기는 경우가 많다. 방송에서나 현실 속에서, 뚱뚱한 여자에게 "몇 만평"이라든가, "성격 나쁜 것은 용서해도, 못생긴 여자는 용서하지 못 한다"거나, "모든 나이대의 남자가 20대만 좋아한다"든가, "여자의 웃음소리나 말소리만 커도 팔자가 세다"거나 과부 타령을 들어야만 했다.

한데 이런 표현들을 무심히 하던 남자들이 한 여대생의 '루저' 발언에 벌떼같이 일어났던 사건이 있었다. 한 여대생이 키 작은 남자에 대한 차별 발언을 했을 때였다. 남성들의 지나친 반응에 의아했다기보다, 여성들이 그동안 너무 관대했다는 생각이 들었던 기억이 난다. 키 작은 남자들이 분노했던 것처럼, 여성들도 뚱뚱한 여자나 못생긴 여자나 나이 들어가는 여자들에 대해 남성들이 폭언했을 때, 여성들도 그렇게 분개하고 사과를 요구해야만 하지 않았을까 하는 마음이 들었던 것이다. 도리어 여성들은 밥을 굶으며 다이어트하고, 젊어 보이려고 성형과 미용에 끊임없이 많은 돈과 시간을 투자해온 면이 없지 않다. 여성들은 왜 외모지상주의가 낳은 그 섬뜩한 남성들의 발언을 허용하고, 창백해서 쓰러질 정도로 굶어 왔을까.

한때 '루저' 발언 때문에 분노한 남성들이 벌떼같이 일어난 것은, 단순히 한 여대생의 말실수나 그 터무니없는 잣대 때문만은 아닐 것이다. 이미 키 작은 남성들이 받아왔던 차별 때문에 민감하게 반응하지 않을 수 없었던 것이다. 우리 사회에 외모차별의 폭력이 그만큼 횡횡하고 있다는 반증이다. 여대생의 발언이 조심성이 없었던 것은 사실이지만, 진짜 문제의 핵심은 '루저' 발언을 조장한 우리 사회의 외모지상주의이며, 그 발언이 헛소리거나 거짓말이라고 완전히 무시할 수 없다는 데 있다 하겠다. '도전슈퍼모델'이라는 리얼리티 방송을 진행하는 타이라 뱅크스는 언젠가 자신의 쇼 프로그램에서 외모 차별을 없애기 위해 얼마나 노력을 기울여왔는지를 말한 적이 있다. 빼빼 마르고 키 큰 백인 여성 외에, 흑인·동양인·플러스 급

여성 그리고 키 작은 여성 모델을 선발해가며, 미의 기준을 바꾸어왔다는 것이다. 이제 우리도 우리 내부에 들어있는 획일적인 미의 기준을 돌아볼 때가 아닌가 싶다. 키 작은 남자뿐만 아니라 뚱뚱한 여자와 못생긴 여자 그리고 탈모, 광대뼈, 가슴, 코, 사각턱, 허벅지…… 등 신체를 부위별로 구분해서 우리는 얼마나 철저히 자신과 남을 비교하며 열등시해왔던가. 그런데 그 차별이 심해지면 심해질수록, 결국 예외 없이 나 자신이 걸려든다는 것은 뻔한 이치이다. 키 이외에도, 외모의 부위별 차별 기준에 걸리지 않는 사람이 없는 것이다. 앞으로도 계속 획일적인 미의 기준에 얽매인다면 우리 모두가 '루저'가 될 것이다.

획일적인 미의 기준에 얽매이지 않을수록 더 큰 아름다움을 발견하는 능력을 지닐 수 있다.

무궁화는 다 어디로 갔을까

수년 전, 모 항공사의 기내에서 미모의 스튜어디스가 환한 웃음과 함께 붉은 보랏빛 오키드 한 송이를 나에게 내민 적이 있다. 영화 같은 일이 일어날 조짐이었다. 호감을 품은 누군가가 스튜어디스를 통해 전한 꽃! 더구나 그곳은 수천 미터 상공이 아니던가. 그 기대감은 3초 만에 끝이 났다. 실상은 항공사측에서 기내의 여성들에게 태국의 나라꽃이자 항공사의 상징화인 보라빛 꽃을 건네준 것이다.

여하튼 기분 좋은 경험이어서 몇 시간의 비행동안 소중하게 보랏빛 꽃을 간직했다. 비행기에서 내릴 때도 여린 꽃잎이 다칠세라 조심했다. 하지만 무거운 여행 가방을 되찾고 입국절차를 밟는 과정에서 꽃은 온

데간데 사라지고 말았다. 그때 느꼈던 아쉬움 때문인지, 나는 간혹 이런 생각을 하곤 한다. 잃어버린 내 오키드는 지금 어디에 있을까?

나라꽃 한 송이로 한 나라와 자신의 항공사의 이미지를 타국의 관광객에게 그처럼 강하게 각인시키다니! 대한민국에도 나라꽃인 무궁화가 있다. 중국의 고대 지리서인 '산해경(山海經)'에 "동방에 군자국이 있어 무궁화가 많다"라는 구절이 나오고, 애국가에도 '무궁화 삼천리 화려강산'이라 했으니, 아마 이 땅에 무궁화가 지천이었나 보다. 우리 어릴 때만 해도 시골 길에서 무궁화를 쉽게 볼 수 있었고, '무궁화 꽃이 피었습니다'를 외치며 숨바꼭질을 했다. 그런데 그 많던 무궁화는 다 어디로 갔을까?

우리 국민은 무궁화를 어떻게 생각하고 있을까. 외국인들에게 자랑스럽게 건네주고 싶은 나라꽃으로 과연 여기고 있을까. 무궁화는 요즘 우리 주변에서 태극기 깃봉이나 대통령 집무실이나 국회의원 배지에서 상징으로만 득세하고 있다. 실물 무궁화는 국회나 관공서 등에 인색하게 심겨져 있을 뿐, 우리 주변에 정말 그 꽃을 좋아해서 심은 곳은 찾아보기 힘들다. 가을에 접어들면서 각 관청에서 도로나 공원에 꽃 장식을 하면서도, 어째 무궁화는 심지를 않는다. 외국인들에게 자랑스럽게 내놓기는커녕, 우리 삶 속에도 무궁화를 초대하지 않는 것이다. '나라꽃'이라는 영광의 관을 씌워놓고, 암암리에 소외시키고 있는 우리의 마음 속 무궁화는 어떤 것일까.

돌이켜 보니, 무궁화에 대한 평가는, 지겨울 정도로 계속 피어난다든가, 진딧물이 새까맣게 모여든다든가, 몸에 닿으면 피부병이 생긴다는 둥, 이상하리만큼 부정적이고 냉소적이다. 이름 없는 들꽃이나 독초도 아니고 왜 하필 나라꽃을 이토록 모략했을까. 속설에는 일제 강점기에 독립지사들이 민족정신을 고취하기 위해 무궁화를 고양하자, 일본이 이를 방해하기 위해 일부러 퍼뜨린 소문이라 한다. 맞을지도 모른다는 생각이 든 이유는 유독 무궁화에 대해 우리가 지니는 배타적인 일면 때문이다.

이제 무궁화를 꽃 자체로 한번 바라보면 어떨까. '나라꽃'이라는 허울 좋은 관을 내려놓고, 색감과 모양으로 사랑받는 꽃다운 위치라도 되찾아주는 것이다. 홑꽃, 겹꽃, 천겹 등 그 모양이며, 흰색, 연보랏빛에서 푸른 보랏빛까지 그 색감이 다양하다. 잎은 어긋나며, 꽃은 반드시 새로 자란 잎겨드랑이에서 하나씩 핀다. 피고 또 피어 무궁화라지만, 꽃 한 송이의 수명은 놀랍게도 하루라 한다. 하루에 이삼십 송이씩 백일동안 거의 삼천 송이를 피어내는 정열의 화신이랄까. 곤충이 필요로 하는 영양분이 많아 진딧물도 많은 것인데, 삼천 송이나 피어내고 그 영양을 곤충과 진딧물에게 내주는 자연의 섭리가 도리어 애틋하지 않은가.

이처럼 마음의 정원에 무궁화 한 그루가 자라나면, 그 꽃을 도로나 정원에 옮겨 심어보면 어떨까. 그 주변을 아이들과 산책하며, 그 꽃이 고조선 시대 북방으로 뻗어나던 한민족의 상징화인 '근수(根樹)'이며, 과거시험 급제자에게 임금이 내리던 '어사화(御賜花)'였으며, 일제 강점기에 민족정신을 일깨운 나라꽃이었으며, 정열과 끈기를 가진 우리 국민성을 닮은 꽃임을 이야기해주면 어떨까.

무궁화에게 '나라꽃'이라는 영광의 관을 되돌려주는 일이 그처럼 이상한 일이 되었다.

1분과 원샷!

방금 눈앞에서 무슨 일이 일어난 것일까? 세계 구석구석에서 모여든 관광객들은 어리둥절해서 자리를 금방 뜨지 못했다. 체코 프라하의 천문 시계탑이 순식간에 쇼를 펼친 뒤였다. 14세기 고딕양식의 구시청사에 30미터 높이로 세워진 시계탑은, 매시 정각에, 해골 인형이 모래시계를 들고 줄을 잡아당기면 터키군인·유대인·거울을 든 인형들이 움직이기 시작한다. 종소리와 함께 꼭대기 창가에서 그리스도 12제자가 차례로 나타난 뒤, 마지막에 베드로의 닭이 나와 울고 사라진다. 관광객들은 고개를 치켜든 채 시계 작동의 동선을 따라가느라고 정신없이 빠져든다. (소매치기가 가장 기성을 부릴 때다.) 진풍경은 단 1분간 진행

된다.

몇 십 분간 기다린 뒤 눈 깜짝할 사이에 벌어진 쇼라 조금 허탈해진 관광객들은 시계탑에 얽힌 전설을 듣고서야, 이 시계가 왜 그렇게 유명한지 고개를 끄덕인다. 시계탑은 1410년 프라하 대학의 수학교수 하누슈에 의해 제작되었는데, 그 아름다움에 유럽 각국이 저마다 탐을 냈다. 프라하 시는 천문 시계탑을 세계 유일한 것으로 만들기 위해, 하누슈 교수를 장님으로 만들어버렸다고 한다. 그는 죽기 전에 시계탑을 한번만 만져보게 해달라고 간청했고, 마침내 시계탑에 올라가 손으로 시계를 천천히 만졌다. 그런데 이때부터 400년 동안이나 시계가 작동하지 않았다고 한다. (하누슈 교수가 시계를 만지면서 중요 부품을 뽑아버렸을 것이라는 추측도 있다.) 그 시계가 다시 움직이기 시작한 것은 1860년부터였다.

독일의 로텐부르크의 마르코트 광장에도 역사적인 전설에 얽힌 시계탑이 있다. 신교도와 구교도간의 충돌로 일어난 '30년 전쟁' 당시, 구교도를 이끄는 틸리 장군이 로텐부르크에 도착했다. 틸리 장군은 3.25L

짜리 술잔에 담긴 포도주를 원샷하면 사람들을 살려주는 것은 물론 도시도 파괴하지 않겠다고 제안한다. 로텐부르크 시장은 그 어마어마한 량의 술을 목숨을 걸고 단숨에 마셨다. 결국 틸리 장군은 약속을 지켰고, 중세의 보석이라고 불리는 로텐부르크는 그대로 남게 되었다. 마르코트 광장의 벽시계는 그 사건을 기억하며 지금도 매 시간, 리 장군과 로텐부르크 시장 인형이 벽시계에서 나와 원샷하는 퍼포먼스를 보여준다.

체코 프라하의 천문 시계탑과 독일 로텐부르크의 원샷 시계탑에는 공통점이 있다. 시청사 혹은 시 광장에 있고, 시계탑에서 인형들이 나와 퍼포먼스를 보이면서 관광객들을 사로잡는다는 점이다. 역사적인 사건이나 전설을 스토리텔링화 한 것으로, 그 나라의 문화적 정체성과 국민성을 각국의 관광객들에게 잘 전달하고 있다. 단 1분 그리고 원샷이라는 짧은 순간이지만, 그 나라의 긴 역사와 축적된 문화의 원형을 보여주고 있는 셈이다.

이 두 벽시계를 보고, 우리나라도 서울시청 광장에

자격루를 세우면 어떨까 하는 생각을 하게 되었다. '스스로 치는 물시계'라는 뜻의 자격루는 조선 세종 16년(1434) 과학자 장영실에 의해 만들어졌다. 물의 량을 조절하여 인형들이 자시 축시 인시 등 12지시를 알려주는 종·북·징을 치게 되어 있다. 시간을 알리는 종이 울리는 순간, 쥐·소·호랑이 등이 작은 구멍에서 뛰어오른다. 자격루는 현재 복원되어 국립고궁박물관에 전시되어 있다. 이 자격루를 보다 크게 제작하고 청각적인 효과도 살려 시청광장이나 상징성이 있는 다른 광장을 선택하여 설치하고, 그 재미있고 아름다운 작동을 사람들에게 보여주면 근사하지 않을까.

자격루의 스토리텔링은 천문 시계탑이나 원샷 시계탑 보다 단연코 한 수 위다. 글을 읽지 못하는 백성을 위해 훈민정음이라는 아름다운 문자를 창조한 조선시대의 위대한 왕이 천민 장영실의 능력을 신뢰하여 디지털시계처럼 시보를 가진 물시계를 만든 것이다. 시계에 더하여 백성을 사랑했던 왕의 마음과 자격루에 응용된 과학적인 원리를 설명하면 더할 나위 없이 좋을 것이다. 우리 역사와 문화의 정체성을 확인할 뿐만 아니라 외국인 관광객들에게도 상당한 볼거리를 제공하게 될 것이다. 문화재가 단순히 과거나 전시용에 머물지 않고 현재의 삶속으로 걸어 나와 역사의 시간과 향기를 깨우쳐 주었으면 하는 바람이다.

사람들은 1분을 위해 몇 십 분을 즐겁게 기다리기도 한다. 그 1분 속에 몇 천년이 들어 있을 수도 있기 때문이다.

콩글리시의 슬픔

'콩글리시'는 흔히 영어 발음이나 문법을 한국식으로 잘못 사용한 표현을 말한다. 대학생들에게 콩글리시 때문에 낭패를 당한 경험을 조사한 적이 있는데, 가장 충격적인 것이 우리에게 너무나 익숙한 파이팅이었다. 문화센터에서 강습이 끝낼 때마다, 강사와 수강생들은 서로를 격려하는 의미에서 다들 손을 앞으로 내밀고 '파이팅!'을 외치곤 했는데, 외국인 수강생은 매번 주저하더라는 것이다. 이유를 물었더니, 이 좋은 분위기에서도 왜 자꾸 '싸우자'라고 외쳐야 하는지를 반문했단다.

학생들이 제시한 콩글리시 중에 가장 많이 올라온 것은 '원샷'이었다. 본래 원샷은 위스키 같은 독주 한

잔을 주문할 때 사용하는 표현이고, 한 번에 술을 다 들이켜라는 영어 표현은 '보텀스 업(bottoms up)'이다. 콩글리시의 원샷은 외국인들에게 한국의 강요된 음주문화를 적나라하게 보여 줄 뿐만 아니라, '원샷 원킬(one shot, one kill)' 즉 '한 방에 해치우다'라는 표현을 떠올리게 만들어 달가워하지 않더라는 것이다. 마찬가지로 이성에게 작업 거는 이야기를 하면서 '헌팅(hunting)'이라는 표현을 썼더니, 여자를 총이나 올가미로 짐승처럼 포획하는 것이냐고 농담했단다.

여학생들이 많이 내놓은 콩글리시로 '터치(touch)'가 있었다. 한국의 한 TV 프로그램에서 남편이 '아내의 외출에는 터치하지 않았다'고 말하는 것을 본 적이 있다며, 한 외국인이 한국에서는 아내가 외출하면 때리기도 하느냐고 물었단다. '간섭하지 않는다'는 뜻으로 한 말이 영어권 사람들에게는 때리지 않는다는 의미로 받아들여진 것이다. 외국인에게 '터치'는 상황에 따라 성적인 의미로 희롱을 의미하는데, 한국 여성들은 화장 볼터치 등 너무 개의치 않고 사용한다고 지적당했다고 했다.

가장 웃음을 유발했던 콩글리시는 '트레이닝 팬츠'였다. 운동복 바지를 트레이닝 팬츠라고 했더니 외국인은 우스워서 숨도 제대로 쉬지 못하더라고 했다. 트레이닝 팬츠는 '아기 용변 훈련용 팬티'였던 것이다. 이와 비슷하게 육아 용어로 '스킨십(skinship)'이 있는데, 언젠가 BBC에서 콩글리시 스킨십을 '친밀한 신체 접촉'이라고 소개한 적이 있다. 당시 BBC는 다른 문화 언어들 속에서 영어가 계속 창조되며 진화하고 있다고 나름 긍정적으로 보도했는데, 이는 가령 한국어가 다른 언어권으로 퍼져나갈 때 변형을 관찰하는 즐거움 같은 것이리라.

언어는 사용하는 시대나 사람에 따라 끊임없이 변하는 것이어서, 콩글리시를 막을 수도 그럴 필요도 없다. 콩글리시는 언어의 다양성 측면에서 보면 긍정적인 기능도 있다. 하지만 영어에 관한 한 단어나 문법이 틀렸다 싶으면 즉각 반응하는 한국인이 콩글리시에 관한 한 지나치게 관대한 부분이 있다. 특히 기쁨이나 격려를 표현하는 건배사나 구호는 그 나라와 민족의 정서를 대변하는 표현들이 아닌가. 아름다운 우리말이 있는데도 외국어로, 그것도 잘못 사용한 단어들로 먹칠을 하는 것은 한국인의 자존심과 관련된 문제가 아닐까. 콩글리시의 긍정적인 기능은 인정하더라도, 한국인의 정서나 국가적인 이미지를 훼손하는 특정 콩글리시들은 학문과 정부 차원에서 바로잡는 것이 어떨까.

필자의 마음에 걸리는 마지막 콩글리시로 '스펙(spec)'이 있다. 취업 준비생들의 이력과 능력을 총칭하는 이 단어는 국립국어원 자료집에도 들어 있고 방송이나 신문에도 널리 쓰이며, 심지어 필자도 신문 칼럼에서 사용한 적이 있다. 한데, 스펙은 스페시피케이션(specification)의 구어로 상품이나 기계의 기술 설명서나 사양을 일컫기에 사람에게는 사용하는 않는 표현이란다. 취업을 위해 스펙을 쌓고 있다고 했더니, 당연히 외국인은 이해하지 못했단다. 사람의 자질이나 경력을 일컫는 표현은 퀄리피케이션(qualification)이기 때문이다. 아, 젊은 구직자들에게 주로 사용되는 이 스펙이라는 단어, 우리 젊은이들을 상품 취급하지 않을 바에야 시급히 고쳐야 할 콩글리시가 아닐까.

영어 단어에만 집착하지 말고, 한국어 사전이나 책 등에서 새로운 단어들을 사냥해서 음미하는 습관을 가져보자. 새로운 단어는 세상의 시공간이나 인간의 정서를 빠르게 확장시키거나 다르게 이해하는 힘을 길러준다.

제4부

나는 무엇을 위해 죽도록 일하나

어머니의 품위

어머니는 소파에 누워 잠들어 계셨다. 옆으로 누워 두 손을 가슴에 모으고 다리를 약간 끌어당긴 채 잠든 모습은 마치 어린아이처럼 보였다. 아침 10시경이었으니 햇살이 거실 유리창을 통해 넘실거리며 들어오는 시간이었다. 평소 낮잠은커녕 벽에 기대앉지도 않는 분이었다. 그런데 아침을 먹고 막 설거지가 끝난 시간에, 세상의 만물이 가장 활발하게 활동하는 시간에 어머니는 초연하게 잠이 드신 것이다. 이제야 잠이 드시는 구나. 어머니는 몇 달 전에 아주 귀중한 것을 잃었다. 20대 후반의 젊디젊은 첫 딸을 암으로 잃었던 것이다. 어머니가 꼿꼿하게 서 있던 고통을 스스로 눕힌 모양이었다. 밤도 아니고 하얀 아침나절에 그렇게 잠든 것은…… 현실을 받아들이신 것이다. S는 모포를 가져다 어머니를 덮어주었다고 했다.

어머니는 정오가 되도록 깨어나지 않았다. 기척도 잠꼬대도 없었다. 웅크린 어머니의 덩치는 모포에 감싸여도 작아 보였다. S는 정성스럽게 점심을 준비하기 시작했다. 깨어나면 영양가 있는 음식을 차려 드릴 생각이었다. 하지만 점심 준비가 끝나고, 끓인 국을 한 번 더 데울 때까지 어머니는 깨어나지 않았다. 돌아눕지도 고개의 각도를 바꾸지도 않은 채였다. 아차 싶어 살펴보니, 따뜻한 햇살과 모포의 온기에도 불구하고 어머니는 두부처럼 차가와져 있었다. 어머니는 잠이 든 채 정신을 잃어 버렸던 것이다. 첫 딸을 돌보기 위해 자주 찾던 병원에 어머니가 다시 입원했다. 뇌졸중이라고 했다. 여러 차례 수술을 받으신 어머니를 S는 두 달 만에 집으로 모셔왔다고 했다.

그 사이 어머니는 전혀 다른 사람이 되어 버렸다고 했다. 밥도 먹여 주어야 하고, 옷도 갈아 입혀 주어야 했다. 말도 제대로 하지 못했다. 완전히 어린 아이가 되어 버렸던 것이다. 간헐적으로 어른으로 돌아왔지만 대부분 아이 상태로 시간을 보냈다. 아이는 침대 위건 방바닥 위건 오줌을 줄줄 흘리고 응가도 했다. 손으로 범벅을 해놓기도 했다. 집은 배설물 냄새로 뒤덮였다.

S는 여동생과 함께 어머니를 모시고 살았다. 자매간의 싸움이 시작된 것도 그때부터였다. 오물에 대한 불쾌감이나 어머니에 대한 혐오 때문이 아니었다. S는 한 가지 문제에서 여동생과 합의를 하지 못했다. 효성스럽던 셋째 딸은 어머니의 변한 모습에 큰 충격을 받았고, 특히 어머니가 인간적인 품위를 잃은 것에 견디지를 못했다. 어떻게 해서든지 어머니의 품위를 지켜주고 싶다고 했다. 그래서 어머니가 벽이며 침대 위를 오물로 칠하는 것을 막기 위해 어머니를 묶어놓자고 주장했다. 정녕코 불효에서 나온 말이 아니었다. 하지만 S는 아무리 어머니의 처신이 불쾌하고 냄새가 난다해도 차마 어머니를 묶어놓아서는 안 된다는 생각이었다. 그것이야 말로 어머니의 인간적인 품위를 손상시키는 것이라고 믿었다. 어디 있는지 무슨 일을 저지르고 있는지 자각조차 못하는 어머니를 묶

을 수는 없는 노릇이었다. 생각을 잘 전달하지도 못하는 어머니가 최소한 몸이라도 자유로워야 한다고 믿었다.

어머니의 품위에 대한 두 딸의 싸움은 갈수록 첨예해졌다. 이미 몇 개월 전에 첫째 언니를 잃었고, 이어서 실성하다시피 한 어머니를 보는 두 사람의 스트레스가 극에 달하게 되었다. 품위에 대한 이야기가 나오면 결코 서로 양보하지 않았다. 사이좋던 자매의 관계가 걷잡을 수 없이 변해갔다. 그들은 서로 소리치며 싸우기 시작했고, 급기야 눈을 부라리거나 그릇을 던지거나 책상을 치는 거친 상황이 이어졌다했다.

두 사람이 서로 옳다고 고래고래 고함을 지르던 어느 날이었다. 어머니가 손에 냄새나는 물컹한 것을 묻힌 채 두 사람의 싸움을 지켜보았다고 한다. 어머니는 이 험악한 사태를 이해하려고 애쓰는 것 같았다. 처음에는 두려움에 울 듯한 표정이었으나, 어머니는 시간이 지나자 눈도 깜박이지 않고 두 딸을 뚫어지게 쳐다보았다. 어머니가 두려워하고 있다고 느낀 두 딸은 한순간 싸움을 멈추었다. 어머니는 조용히, 점점 진지

한 눈빛으로 두 딸을 번갈아 바라보았다. S는 여동생과 조용하게 가라앉은 어머니를 바라보고만 있었다. 그 침묵을 깨지 못하고 세 사람은 한동안 서로를 마주보고만 있었다.

“나를 묶어다오!”

어머니의 목소리는 오랜만에 예전 그대로 정감과 위엄이 넘쳤다. 어머니는 한순간 정신을 차린 듯 했다. 사랑스런 두 딸이 너무나 격렬히 싸우니 어머니로써는 남아있는 마지막 정신을 한데 모은 것이었다. 어머니의 표정도 예전처럼 안정되고 차분했다고 한다. 다시 이전의 자상하고 권위 있는 어머니로 돌아와 있었던 것이다. 딸들의 고통을 헤아리고 스스로 자신을 일으켜 세운 어머니!

“나를 침대에 묶어다오. 더 이상 이 더러운 것을 내 손으로 사방에 묻히지 않게 해다오.”

두 딸은 그 자리에 주저앉았다. 누가 먼저라 할 것도 없이 두 딸은 어머니 앞에 무릎을 꿇었다. 어머니는 더러운 오물을 묻힌 손으로 두 딸을 가만가만 어루만졌다. 눈물로 얼룩진 두 딸의 얼굴을 손으로 쓸어

주었다. 세 사람은 서로 껴안고 울었다. 간신히 눈물이 멈췄을 때, 두 딸은 일어나 어머니에게 큰 절을 올렸다고 한다.

S는 어머니가 그 일이 있은지 며칠 지나지 않아 돌아가셨다고 했다.

타인의 품위는 그가 원하는 방식으로 지켜주어야 한다. 내 방식대로 타인의 품위를 지키려다가 도리어 타인의 품위를 손상시킬 수도 있기 때문이다.

사람들은 왜 책 선물을 싫어할까

지난 크리스마스 시즌에 취업포털 잡코리아의 설문조사에 따르면, 가장 받고 싶지 않은 선물 1위가 '책'이었다. 보석이나 옷보다 순위가 뒤질 것이라는 정도는 예상했지만, 아예 책을 선물로 받고 싶지 않다니! 작가로써는 만감이 교차할 수밖에 없었다. 어쩌다 사람들이 책 선물을 싫어하게 되었을까?

수년 전, K교수의 연구실에 들렀을 때, 그가 데리다 번역서 한 권을 내밀었다. 번역자로부터 받은 책이라며. 필요하면 가져가서 보라고 했다. 받아서 들쳐보니, K교수에게 보낸다는 번역자의 '혜존'도 들어 있는데다가, 구입하려면 상당한 거금을 지불해야 하는 책이었다. 그 이유를 묻자, 그는 "적어도 나에게는 필요

없는 책이다. 왜 이렇게 책을 뿌리는지 알 수 없다. 더 필요로 하는 사람에게 주고 싶다"고 했다.

작년 여름, 프랑스의 한 국제학술대회에 갔을 때이다. 전 세계 교수들과 작가들이 모인 자리였던지라, 자연스럽게 자신의 저서에 대해 이야기를 하게 되었다. 그 중에서 시인이자 교수인 S가 자신의 시세계에 대한 이야기를 시작했다. 물의 표면에 대한 자신의 심미안과 바위를 물처럼 표현하는 이유와 시어들의 특징들을 설명한 뒤, 흥미 있으면 사서 직접 읽어보라며 시집 한 권을 꺼내 보였다. 그의 시세계에 설득당한 뒤라, 나는 기꺼이 돈을 주고 샀다. 우리나라에서라면 공짜로 건네주었을 책 한 권을 나도 그에게 팔았다. 우리는 서로 마지막 잔돈까지 잘 챙겼다.

이 두 가지 경험을 한 뒤에, 나는 새 책이 나올 때마다 일방적으로 보내던 기증 명단 리스트를 폐기했다. 진정으로 책을 드리고 싶은 친지나 책이 도움이 될 만한 사람에게만 선별해서 보냈다. 그 결과, 예기치 않은 반응이 나타났는데, 왜 자기만 빼놓느냐고 볼멘소리를 하는 사람이 나타난 것이다. 받고 싶지 않은 선물 1위가 책이지만, 주지 않으면 당장 섭섭한 인간 관계로 들먹이게 하는 것이 책이 되어 버렸다. 관계를 망치지 않으려면, 몇 명이 되건 구별 짓지 않고 뿌려야 할 판이었다.

우리 사회에서는 책은 공짜로 주고받는 것임이 너무 당연시 되어 있다. 그러다보니 밥 한 끼를 사면 고맙다는 말을 듣지만, 책 한 권을 주고는 그 소리를 듣기가 싫지 않다. 사람들이 책 선물을 싫어하는 이유는 무엇일까? 물론 꼭 필요한 책이 때에 맞게 선물로 오면 그보다 좋은 경우는 없을 것이다. 하지만 책은 개인의 지적 욕구를 채우기 위한 것인데 그것을 타인이 정해서 준다는 것이 맞지 않을 때가 많다. 항간에는 작가들이 인세 대신에 그에 상응하는 금액의 많은 책을 받을 수밖에 없는 상황에서, 주변에 책을 뿌리게 되는 상황도 벌어진다고 한다.

더구나 다른 선물을 보낼 때 보이는 정성스러움이 책을 보낼 때는 이상하게 실종되는 경우가 많다. 선물 책의 대부분은 베스트셀러거나 서점에서 대충사서 보내는 경우가 많아서, 책 선물을 건네는 사람의 의도나 감정이 제대로 전달되지 못하는 경우가 많다. 수천만 책 더미 속에서 한 권을 빼들어, 마치 읽으라며 강요하듯 포장지만 싸서 건넨 식이랄까. 당연히 상대방은 선물을 받은 느낌이 들지 않는 것이다.

내가 인상 깊게 받은 책 선물을 몇 가지 소개하려고 한다. 첫째, 오에 겐자부로의 『죽은 자의 사치』로 중고 책이다. 한 독자가 "삶과 죽음에 대한 사색이 너무 인상 깊어 보내드리고 싶은데, 신간을 구하기 힘들어 어쩔 수 없이 줄친 책을 보냅니다."라는 적어 보내왔다. 둘째, 소설가로 등단할 때 심사 위원이었던 소설가 이문열 씨가 이천 집에서 건넸던 소설 『사람의 아들』의 불어판 시나리오 '비와 함께 가리라'와 회색 도자기 세트였다. 셋째, 소설가 서영은 씨가 스페인 산티아고 순례 길에서 필자에게 긴 엽서를 보냈었는데, 그녀가 귀국 후 순례의 여정을 담은 『노란 화살표 방향으로 걸었다』를 출간해서 건네주었을 때이다. 넷째, 몸이 많이 아파 삶을 포기하고 싶어 하던 한 제자가 신춘문예에 당선되어 『신춘문예소설당선 소설집』을 들고 왔을 때이고, 다섯째, 필자가 전공 언어인 불어 단어를 점점 잊어간다고 한탄하자, 유학 간 제자가 밀란 쿤데라의 불어 소설책인 『참을 수 없는 존재의 가벼움』을 보내왔을 때였다. 여섯 째, 대학스승 황경자 교수가 번역한 에밀 벤베니스트의 『일반언어학의 제문제』라는 책인데, 그 정확한 번역이 번역자의 자세를 배우는데 매우 귀중한 길라잡이가 되어 주었다. 일곱째, 마약이나 중독을 막기 위해 평생 애써온 박상규 교수가 필자의 커피 중독(!) 이야기를 듣고 보내준 『행복 사중주』이다. 여덟 째, 한 잡지사의 인터뷰를 위해 영인문학관의 강인숙 관장을 만났을 때, 그녀가 설명과 함께 건네준 『지필묵의 문화사』였다. 아홉 번째는 암으로 죽어간 친구가 남긴 '월간 NEXT' 잡지 한 권이었는데, 그 친구는 필자가 편집자로 있는 잡지에 자신의 원고를 넘긴 후 책이 출간되기 전에 죽어갔으니, 죽은 자에게 받은 책 선물이라고 할 것이다.

인상 깊게 받은 책선물의 공통점은, 선물을 주는 자가 분명한 의도와 진심을 전달했을 때이다. 그럴 경우는 한 사람이 몇 십 권의 책을 주변에 선물로 준들 누가 감사하지 않으랴. 책을 선물할 때는 그 책을 선정한 이유와 그 책을 사면서 당신에 대해 어떤 생각을 했는지 한 구절만 적어 넣어도, 그 책은 평생 잊지 못할 선물이 될 수 있을 것이다.

선물을 할 때는 그것이 물건 이상임을 알게 하는 뭔가가 있어야 한다.

대학 MT의 빛과 그림자

모 대학 문예창작과에 환갑을 앞둔 만학의 신입생이 들어왔었다고 한다. 그의 대학 입성을 두고 몇 가지 추측이 난무했는데, 젊은 날 배우지 못한 한(恨)이나 따지 못한 학위증에 대한 미련 혹은 젊은 사람들과의 교류의 필요성 등등이었다. 하지만 그는 이미 등단해 활동하는 작가였고, 사회적으로나 경제적으로도 성공한 사람이었다. 학업 지도를 위해 지도교수가 그 이유를 묻자, '올드(old)한' 제자는 이렇게 대답했다고 한다.

"소설 작품이나 영화 작품을 볼 때면 대학시절 MT 이야기가 자주 나오는데, 도대체 그 대학 MT라는 것이 어떤 것인지 꼭 한 번 체험해 보고 싶었습니다."

사실 과거의 대학 MT는 고등학교 시절의 억압의 자물쇠가 풀리고 자유와 낭만의 문이 열리는 자리였다. 모닥불을 피워놓고 둘러앉아 기타를 치고 노래를 부르고 청춘을 이야기하고 혹은 운이 좋으면 호감 가는 이성을 만나 캠퍼스 커플로 거듭날 흔치 않은 기회였다. 하지만 요즘 대학생들에게 대학 MT는 기억에 남을 만한 낭만적인 체험이 되지 못하고 있는 것 같다. 기업 MT처럼 생산성 향상이나 판매율 증진 등 구체적인 목적을 둔 것도 아니고, 특정한 프로그램도 없이 그저 선후배 간에 서로 얼굴을 마주하고 술을 마시는 행사로 조금씩 변질되다 보니, MT 시즌만 되면 술에 의한 불상사가 생겨나곤 했다.

필자가 재직하고 있는 대학교의 문예창작과에서는 3년 전부터 MT 대신 '현장체험과 채집' 행사를 진행하고 있다. 글을 쓰기 위해 책상 앞에 앉아서 머릿속이나 인터넷을 뒤지는 것이 아니라 현장에서 직접 사람들을 만나 대화하고 자료를 수집하는 것이다. 첫 해에는 전남 나주의 천연염색장이 현장 체험장이었다. 문예창작과 학생들에게 무슨 염색장이냐 하겠지만,

문학 텍스트에 자주 나오는 '쪽빛'이 어떤 빛깔인지, 그 쪽빛을 지키기 위해 우리나라 장인들이 얼마나 치열하게 일하는지, 실제로 염료 속에 장갑 낀 손을 담그고 생생한 체험을 하면서 글을 쓸 작품 소재도 발굴하고 작가 정신도 배운 셈이다. 이 행사를 위해 한국공예디자인진흥원 담당자를 통해 현지와의 연결이나 지역의 전문 안내자 도움도 받았다.

작년에는 우리나라 고유 장단이 어떤 것인지 그 느낌을 알기 위해 민속 악기들을 배우러 갔고, 올해는 경기 이천에서 도자기 만드는 과정을 실습할 예정이다. 뿐만 아니라 같은 대학의 영상 시나리오과와 영상비즈니스과에서도 MT 대신 '스토리텔링 워크숍'을 진행한다고 들었다. 이런 행사를 한다고 해서 기존 MT가 지녔던 특성이 완전히 사라지는 것은 아니다. 저녁에는 둘러앉아 낮에 했던 체험에 대해 토론도 하고 선후배 간의 우애도 다지고, 필요하면 다과와 함께 술잔을 나누기도 한다. 무작정 강요된 소통이 아니라 대학문화다운 '새로운 MT' 프로그램을 진행하고 있는 것이다. 행사 때의 체험과 채집 자료들은 돌아와서 학생들의 작품 속에서 다채롭게 재현되고 있다.

대학 MT와 마찬가지로, 봄이 완연해지면 많은 대학들이 축제 시즌에 돌입할 것이다. 최근 대학축제의 두드러진 경향으로는 유명 가수나 연예인을 경쟁적으로 초청한다는 점이다. 대학축제 전체 비용 대비 큰 비중을 차지하는 유명 가수나 연예인을 외부에서 초청할 수밖에 없는 이유가 대학 고유의 행사 콘텐츠가 제대로 없기 때문이 아닌가 싶다. 쌍쌍파티나 대동 줄다리기 등 과거 대학에서만 볼 수 있었던 축제 풍경이 사라진 뒤, 그것을 대신할 대학축제문화가 제대로 형성되지 않은 것이다. 유명하지 않더라도 대학생들에게 영감을 줄 수 있는 외부 인재를 초청한다든지, 노래 실력이나 연주 실력이 뛰어난 학생들을 위해 가요제를 개최한다든지, 대학생들과 지역주민들이 대결하여 노래자랑이나 줄다리기를 한다든가, 대학생들만이 기획할 수 있는 조금은 기상천외하고 실험적인 시도를 해보면 어떨까 싶다. 대중문화 속에 함몰되지 않고 꿋꿋하게 색다른 꽃을 피울 수 있는 청춘의 향기를 느끼고 싶은 것이다. MT나 축제처럼 놀이문화에 대한 고민도 청춘이 누릴 수 있는 빛나는 특권이 아닐까.

나에게 너무나 당연한 것이 다른 사람에게 전혀 당연하지 않을 때가 있다. 반대로 다른 사람들에게 당연한 것이 나에게 당연하지 않을 때가 있다. 모두에게 당연한 것은 없다.

영감의 원천

한 문학 콘서트에 초청을 받아갔다. '작가와의 대화'나 '문학 낭독회'에서처럼 독자들로부터 흔히 받는 질문이 나왔다. 예술가나 창의적인 작업을 하는 사람이라면 누구나 받아본 질문일 것이다. "창작할 때 영감은 어디서 얻으세요?"

소설가로 막 등단했을 때는 무조건 새로운 것을 찾아 헤매거나 낯선 땅을 향해 여행을 떠나곤 했다. 하지만 작가 생활 15년이 되자, 쓸거리는 도처에 있으며, 단지 그것을 어떻게 표현해야 하는가에 대한 고민만 남게 되었다. 하지만 독자들에게 이런 식의 대답을 하면, 그 평범함에 실망하거나 별로 수긍하지 않는 눈치다. 그럴 때는 친절하게 예를 들어주곤 한다.

예 1) 컴퓨터가 보편화되면서 인쇄소에서 사용하던 다양한 서체와 크기의 한글 납 활자들이 더 이상 쓸모가 없어져 버려지게 되었다. 본래 납 활자들은 정해진 배열에 의해 언어학적 의미를 만들어내던 도구였으나, 조각가 노주환 씨는 폐품이나 다름없는 그것들을 수집하고 배열을 뒤섞고 이합 집산시켜, 조형적 형태의 아름다움으로 탈바꿈시킨 예술가로 유명하다. 들쑥날쑥한 납 활자들의 불규칙적인 배열로 서울의 지도, 도시 풍경, 한글 기둥 등 하나의 통일된 작품을 완성하거나, '시집'이나 '다라니'경처럼 아예 한글표기 방식의 활자조합으로 조각품을 완성하는데, 조형 작품 속에 살아 움직이는 한글 활자체의 생명력이 보는 이를 감동케 한다. 영감을 어디서 얻는가? 발상의 전환으로 버려진 것들 속에서 얻는다.

예 2) 공장에서 나오는 레고나 완구들은 각이나 크기가 정해져 있어 학생들에게 반복적인 게임만을 제공할 뿐 창의력이나 유연한 사고를 키울 수 없다. 이런 고민에 빠져있던 수리과학창의연구소 박호걸 소장은 손에 들고 있던 '빨대'를 이리저리 구부리다 고민의 해답을 얻게 되었다. 바로 도형의 꼭지점을 이어주는 연결대를 '빨대'처럼 유연하게 만들면 접거나 자를 수 있어 해체나 재조립이 가능해지기 때문이다. 이는 전통 한옥처럼 해체가 가능한 모형을 통해 창의성을 개발해보고 싶다던 오랜 소망과 맞닿은 것이었다. 플라톤의 입체라는 정다면체는 보통 다섯 가지 밖에 없지만, 박 씨의 '빨대'(정식 명칭은 4d 프레임)를 사용하면 준정다면체를 13개까지 만들 수 있어, 11개를 만드는 미국을 능가한다고 한다. 이 '빨대'는 유아교육과 과학과 미술 교육 그리고 치매노인을 위해서도 활용되고 있다. 영감을 어디서 얻는가? 빨대처럼 주변의 흔한 것에서 얻는다.

과거의 것을 버리고 새로운 것만 추구하는 태도를 현대주의라 하고, 현재의 관점에서 과거에 새로운 가치를 부여하는 태도를 현대성이라 한다. 영감의 원천은 과거이건 미래이건 상관없이 새로운 것을 추구할 수 있는 현재라는 연결점의 유연한 인식이 아닐까. 더구나 노 씨의 한글 활자에 대한 조형적 해석과 박 씨의 전통한옥('빨대'의 또다른 개념)의 해체적 개념은, 한국적인 특성과 이미지를 부각시키면서도 세계적인 작품이나 미래의 다양한 응용 가능성을 가지고 있어 귀감이 된다 하겠다.

초대받은 문학 콘서트가 한해를 마감하는 행사였기 때문일까. 한해를 보내는 우리의 자세도 어쩌면 영감의 원천과 같아야 할 것 같았다. 새해라고, 뭐 별천지가 열리겠는가. 주변의 버려진 것들과 흔한 것들을 되돌아보고, 그들에게서 새로운 희망과 비전을 찾아내면 그것이 바로 새해가 아니겠는가. 그렇게 우리도 삶의 예술가가 되어보는 것이 어떻겠는가.

새로운 것만 찾아 헤매는 것은 현대주의의 관점이고, 과거의 것을 새롭게 바라보는 것은 현대성의 관점이다. 전자는 새로운 것들을 선호하면서 과거의 것들을 가치 없게 만들어버리지만, 후자는 과거의 것들을 재해석해서 끊임없이 새로운 의미를 만들어간다. 전자는 과거와 단절하고 그래서 미래의 과거인 현재와도 단절한다. 하지만 후자는 과거와도 연결하고 미래의 과거인 현재와도 연결한다.

안녕, 가을의 낯선 사람

프랑스의 미래학자인 도미니크 바뱅 씨가 올 여름 한국에서 머물렀다. 저서 『포스트휴먼과의 만남』서 "인류가 생물학적 한계를 뛰어넘어 더는 늙지도 않고 죽지도 않는 포스트휴먼 시대가 온다"고 주장한 학자다. 그녀는 프랑스문화원이나 한국문학번역원의 프로그램에 따라 자신의 '불멸'이론을 강연하거나 글을 썼는데, 행사나 뒤풀이 등이 끝나면 대략 밤 11시가 넘어가곤 했다. 그런데 몸이 지쳐 숙소로 돌아갈 그 시간대에, 그녀는 용수철처럼 솟아오르곤 했다.

"노랑 생선시장이 좋다고 들었다. 보고 싶다." 노랑 생선시장? 프랑스어로 오간 긴 대화 끝에 알아낸 노랑 생선시장의 정체는 다름 아닌 노량진 수산시장이었다. 자정을 넘어서는 깊은 밤에, 그녀는 외계의 비행선이라도 볼 것 같은 기대로 노랑머리를 휘날리며 노량진으로 달려갔다. 그녀는 서울의 남산을, 홍대 주변의 카페를, 서울의 뒷골목을 간절히 보고 싶어 했다. 우리 주변의 지극히 일상적인 것들이 미래학자의 호기심을 자극한다는 사실이 새삼 놀라웠다. 더 이상 늙지도 죽지도 않는 포스트휴먼 시대가 온다고 믿는 미래학자는 밤잠을 줄여가며 여행지를 헤매었는데, 그 모습은 도리어 인간으로서의 삶과 시간이 얼마 남지 않아 지구 구경을 서두르는 것처럼 느껴졌다.

그녀의 주장대로 2050년이 되면 인간이 천 년이나 만 년을 살지도 모른다. 하지만 불멸을 위한 첨단의학 기술이나 '이상한 불멸대학'에 대한 그녀의 주장보다 더 인상 깊었던 것은 사물과 사람에 대한 그녀의 깊은 관심이었다. 앉는 각도에 따라 창문으로 들어오는 햇살의 그림자가 다르다는 홍대 주변의 한 카페, 여자들만 다니는 대학의 특이한 창립역사, 시력의 변화를 느껴 자신이 더 이상 젊지 않다고 호소하는 30~40대의 한국인들에게 그녀는 민감하게 반응했다. 프랑스에서는 50대가 되어도 스스로 늙었다고 느끼지 않는데, 한국인들이 너무 빨리 노화의 감정을 가지는 것은 의문이라고도 했다.

요즘 우리는 백년의 생명력을 향유할 수 있는 시대를 꿈꾸고 있다. 천 년 혹은 만 년에 비해, 그 짧은 생명을 지니고도 우리가 참으로 무심하게 살아가고 있다고 느낀 것은 미래학자의 영향 때문이었을까. 때로 백년의 삶도 한없이 지루하고 갑갑하게 느끼는 이유는 무엇일까. 흔히 우리는 미지의 세계로 여행을 떠나 새로운 것들을 보고 싶어 하면서도, 이방인들이 간절히 찾아 헤매는 새로움이 우리 주변에도 산재해 있음을 깨닫지 못하고 있다. 우리의 지각은 일상과 습관에 의해 자동화되고 무감각해지는 속성이 있기 때문이다. 죽음이란 그 무감각의 끝에 있는 종착지인 셈이다. 그렇다면 우리의 무감각을 어떻게 깨울 수 있을 것인가.

문득 '낯설게 하기(defamiliarisation)'라는 예술기법이 떠오른다. 이는 일상화된 틀을 깨고 사물의 본질을 되찾을 목적으로 주변의 것들을 일부러 낯설게 만드는 기법이다. 우리의 삶에도 낯설게 하기 기법을 적용해보면 어떨까. 우리는 파리나 로마를 여행하는 장소의 여행자이기 이전에, 죽음을 피해갈 수 없는 시간이라는 찰나적인 삶의 여행자이기 때문이다. 우리의 삶은 매순간이 처음이지만 동시에 마지막이 될 수도 있는 여행이 아니던가. 그러니 한국인도 한국에서 이방인일 수밖에 없다. 다시 보지 못할 것들이 지금도 삶의 차창 밖으로 흘러가고 있다.

프랑스의 시인 보들레르는 하루를 천 년같이 산다고 했다. 무감각의 상태로 하루하루를 산다면, 백년을 살건 천년만년을 살건 다를 것이 무엇이겠는가. 생명을 연장시키는 방법은 오래되어 익숙한 것들에서 새로움이나 신선함을 찾아가는 독창적인 뇌의 특징을 키워나가는 것이 아닐까.

가을이다. 단풍이 서서히 물들고 낙엽도 하나둘 떨어진다. 영화 '미스터 앤 미세스 스미스' 속의 앤젤리나 졸리와 브래드 피트가 사랑에 빠져 극적인 밤을 보내고서 서로에게 하던 인사말이 얼마나 인상적이던가. 안녕, 낯선 사람! 오늘 하루, 서울시티투어 버스에 올라탄 이방인처럼 우리 주변의 풍경과 사람들을 관심있게 바라보면 어떨까. 안녕, 가을의 낯선 사람!

무감각한 천 년보다 감각적인 하루가 더 긴 삶이다.

어린이들에게 되돌려 주어야 할

수년전 대학을 졸업한 제자가 두 권의 동화책을 가지고 나타났다. 서점에서 산 것이 아니라 본인이 쓴 것이라고 했다. 하나는 『지도에 없는 마을』(창비 좋은 어린이 책 대상작)이었고, 다른 한 권은 『몬스터 바이러스 도시』(문학동네 어린이 문학상 수상작)이었다. 제자는 작가 등단의 꿈을 이루고 스승을 찾아온 것이다.

이 동화를 쓴 작가는 대학시절 남다른 학생이었다. 대학교에 온 나이가 27살이었고 이미 결혼도 한 상태였다. 진정 글을 쓰고 싶어서 다시 시작한 공부라 매우 열심이었다. 대학 마지막 학기에 쓴 소설은, 아이를 임신한 여자의 유선(乳腺)이 창밖 벚나무 가지위에 피어나는 하얀 꽃처럼 '불어나는' 내용이었다. 소설을 읽으며 그녀가 임신을 했다는 사실을 짐작했다. 아이를 가진 여자의 느낌이 생생하게 살아있었기 때문이다. 정말 그녀는 불룩한 배를 안고 졸업했다. 그녀의 글솜씨가 아이나 가정에 묻혀버리지 않을까 조금 안타깝게 여기며 떠나보냈던 기억이 난다.

당시 배 속에 있던 아이가 그 후 그녀에게 동화를 쓰게 만든 모양이었다. 동화 『지도에 없는 마을』은 자작나무 섬이라는 가상의 공간에 지어진 거대한 고물상의 이야기이다. 겉으로 보기에는 냉장고, 휴대폰, 인형 등 버려진 세상 물건들을 모아 재활용하거나 새 상품으로 재생산하는 곳이다. 하지만 사람들이 하나 둘 실종되면서 그 고물상의 비밀을 알아내려는 사람들이 늘어난다. 그런데 실종되는 사람들의 한 가지 공통점이 발견된다. 그들은 한결같이 새로운 물건에 집착하는 사람들이었다. 새 물건에 집착하면서 자신의 존재를 확인하는 사람들이었다. 즉 물건이 바로 자기 자신인 셈이다. 결국 실종된 이들은 자신들이 집착하는 물건으로 변해 자작나무 섬의 거대한 고물상으로 흘러든 것이다.

다른 동화 『몬스터 바이러스 도시』는 100층으로 이루어진 최첨단 도시에 NMV라는 바이러스가 퍼지는 이야기다. 이 바이러스에 감염되면 몸이 수축되고 비틀려 괴물처럼 흉측해지고 난쟁이처럼 작아지게 된다. 특이하게도 이 병은 아이들에게만 발생한다. 사람들은 연구 끝에 이 병에 걸리는 아이들에게서도 한 가지 공통점을 발견하게 된다. 그것은 어른들에 의해 시간을 관리 당하고 자신의 시간을 갖지 못하는 아이들이었다. 결국 몬스터 바이러스는 진짜 바이러스가 아니라 시간을 어른에게 조정당하거나 관리당하는 아이들이 보이는 증상이었던 것이다.

두 동화책을 여느 때와 같이 제자의 문학적 성과로만 읽은 것은 아니다. 어린이날을 며칠 앞두고 받은 것들이었기에 왠지 세상의 어린이들에게 들려주면 어떨까 싶었다. 그런데 막상 읽고 보니 어린이들보다 어른들이 더 읽어야할 것 같은 내용이었다. 『지도에 없는 마을』을 보면 어린이날이라고 무조건 새 물건을 선물로 사다 안겨주는 것이 능사가 아닌 것 같았다.

어떤 물건이건 가슴 속에 간직하는 방법을 가르쳐 주는 것이 좋을 듯싶었다. 이 동화 속에는 물건으로 변한 사람들이 다시 사람으로 돌아오는 법도 들어 있다.

그리고 『몬스터 바이러스 도시』를 읽으니, 진정 어른들이 어린이들에게 선물로 주면 좋을 것 같은 한 가지가 생각났다. 그것은 다름 아닌 시간이다. 학원이다 레슨이다 하면서 엄마 아빠들이 처음부터 끝까지 빼앗아 관리 감독하던 아이들의 시간이다. 그들의 시간 말이다. 동화작가는 시간을 빼앗긴 아이들은 몸에 수분이 빼앗긴 아이처럼 비틀리고 말라 간다고 적고 있다. 난쟁이처럼 키가 줄어들고 눈물샘도 말라간다. 과장이라고 느껴지지 않아 더 가슴에 와 닿는다. 요즘 어른들이 아이들에게 줄 최고의 선물은 시간을 되돌려주는 것이 아닌가 싶다. 어린이들이 스스로 시간을 계획하고, 공부하고, 즐기고, 심심해하며, 관리할 수 있는 능력을 기르도록 말이다. 시간에 끌려 다니면서 흉측한 난쟁이가 되지 않고, 시간과 함께 쑥쑥 자랄 수 있는 비법을 스스로 터득할 수 있도록 말이다. 필자의 제자이자 통찰력 있는 작가는 임신하고 아이를 낳고 키워가면서 어린이들을 위해 꼭 필요하다고 생각한 것을 구상해서 동화로 썼을 것이다.

아이들에게 돌려주어야 할 시간과 어른인 나에게 돌려주어야 할 시간을 적어보자.

아이에게 돌려주어야 할 시간	어른 (나)에게 돌려주어야 할 시간

선물의 향기를

연구실에 아직 난방이 들어오지 않아 몸을 가능한 작게 말고 의자에 앉아 작업을 하고 있었다. 몸이 으스스하고 목이 칼칼해지는 것이, 감기가 걸릴 지도 모르겠다는 생각이 언뜻 스쳤다. 그때 노크 소리가 들렸다. 조교가 조그마한 꾸러미를 들고 왔다.

"P가 두고 갔습니다."

사람들은 때로 내 얼굴을 보지 않은 채 선물만 두고 간다. 그들은 P같이 학교에 강의를 나오는 작가 강사거나 미래에 소설가나 시인이 되기를 꿈꾸는 재학생이나 대학 졸업생이 대부분이다. 그래서 선물의 대부분은 책이다. 풀어보지 않아도 그 사이즈로 짐작할 수 있다. 그런데 P가 두고 간 선물은 여느 책 사이

즈가 아니었다.

의자에 발을 올려 몸을 더 웅크린 자세에서 P가 남긴 선물 내용을 상상하기 시작했다. 내가 커피를 좋아한다는 것을 아는 사람들이 있다. 하지만 커피 중독증이라는 것을 아는 사람은 내 건강을 생각해서 차를 많이 가져다준다. 차의 포장도 백화점용 포장이거나 학생들이 아르바이트해서 산 둥근 원통형 녹차 포장이어서, 금방 알아볼 수 있다. 그런데 P의 포장은 커피도 녹차도 아닌 것 같았다. 호기심을 참지 못하고 소박한 포장지를 풀었다. 노란색 작은 직사각형 상자와 메시지와 함께 들어 있었다.

"날씨가 쌀쌀해서 감기가 들지나 않았나 모르겠습니다. 몸이 으슬으슬하거나 몸이 뿌드드하거든 이 카밀러 차를 마셔보시기 바랍니다. 헤르만 헤세의 『데미안』에서 싱클레어가 감기가 들었을 때 싱클레어 어머니가 싱클레어에게 먹인 차입니다. 몸이 따뜻해지고 금방 기분이 좋아지지요. P."

나는 정말 몸이 으슬으슬하고 몸이 뿌드드한 상태

였다. 실내 온도와 습도를 위해 끓이고 있던 커피포트의 물로 차를 준비했다. 아! 그 카밀러 향! 노란 국화의 향기, 어떻게 표현해야 할까. 입에 딱 맞는 것이었다. 내 입에 딱 맞는 것! 순간 어릴 때 심하게 앓아누웠던 기억이 떠올랐다. 무슨 병으로 아팠는지 입맛도 잃고 힘이 없어 며칠이고 누워 있었다. 어머니가 어디서 구해왔는지 붉고 검은 열매를 주시는 것이었다. 생전 처음 보는 열매인데, 갑자기 혀에 입맛이 돌았다. 그래서 손에 붉은 물을 들이며 열매를 열심히 먹기 시작했다. 이상하게 속으로 '이 열매를 먹고 나면 아픈 것이 나을지도 몰라'라는 생각이 들었다. 정말이지, 그 열매는 나를 회복시킨 듯 했다. 나중에 알았지만, 그 열매는 뽕나무에 열리는 오디였다.

P의 카밀러 차가 그때의 오디처럼 내 입에 딱 맞았다. 그 카밀러 향기는 한 해 동안 받은 선물들을 떠올리게 했다. 포도주, 향수, 목욕용품, 머플러, 심지어 스타킹 세트까지 있었다. 참 많은 종류의 선물을 받은 셈이다. 대부분 기쁜 선물이었다. 반면에 기분이 나빴던 선물도 떠오른다. 선물도 기분이 나쁜 것이 있느냐

고 물으면 글쎄, 그런 것이 있었다.

어느 날 한 친구가 늦은 밤에 전화를 해서 나에게 머리를 잘랐느냐고 물었다. 그녀는 외로움을 몹시 타는 성격으로 같이 있어줄 사람을 찾아 헤매는 성격이었다. 나는 대학 때부터 20년 이상 항상 긴 생머리다. 한 밤에 전화해서 막무가내로 나에게 머리를 잘랐느냐고 물으니, 가슴이 철렁 내려앉았다. 내가 머리를 잘라야할 만큼 큰 일이 생겼나? 그 친구는 나에게 줄 비녀가 있다고 했다. 그 순간 두 가지 감정이 교차했다. '갑자기 웬 비녀일까'와 '어떻게 나에게 비녀를 줄 생각을 했을까' 하는 호기심이었다. 너무 늦었으니, 날 잡아서 한번 보자고 했지만, 그녀는 꼭 그날 밤에 주고 싶다고 했다. 뭔가 사연이 있는 것 같아 피곤한 몸을 이끌고 한밤에 그녀를 만날 수밖에 없었다. 그런데 비녀를 받아든 순간, 화가 난 것은 무슨 경우였을까.

그녀가 가지고 온 비녀는 회색의 플라스틱 비녀였다. 내가 속물이었을까? 옥이나 은으로 된 비싼 비녀가 아니라 플라스틱 비녀여서 내심 실망했을까? 정녕 그렇지는 않다. 학생들이 교정에서 주워온 나뭇잎 하나, 집에서 부쳐온 부침개 하나도 소홀하게 대한 적이 없다. 도리어 백화점에서 돈 주고 들고 온 비싼 선물보다는 마음이 느껴지는 그런 선물을 오래 간직한다. 한데 종이에 둘둘 만 그 비녀를 받아들었을 때, 내가 무서워하는 색깔의 배합과 무늬를 지닌 비녀를 보았을 때, 작가적인 직감에 그녀가 애초에 나를 위해 준비한 비녀가 아니라는 느낌이 들었다. 그녀는 왜 갑자기 나에게 그 비녀를 주겠다며 만나자고 반강요 했을까?

또, 다른 날 그 친구는 농장에서 김칫거리를 가져다놓았으니 가져가서 김치담가 먹으라고 밤 10시에 전화를 해왔다. 마침 작가 낭독회의 뒤풀이를 위해 많은 사람들과 식당에 있었기에 갑작스런 만남은 어려운 상황이었다. 게다가 김치는 집에 많았다. 여러 통화 끝에 그 친구는 늦은 시간에 차를 끌고 나왔고, 나는 할 수 없이 사람들과 헤어져 열무가 든 봉투를 받아들어야만 했다. 행사 때문에 피곤했던 탓에 그녀와 이야기를 피하고 집으로 돌아올 수밖에 없었다. 문제는 봉투 안에 든 것이 농장에서 갓 뽑아온 열무가 아니라 열무를 손질하고 남은 우거지들이었다. 너무 억세어서 김치를 담글 수 없는, 잘하면 말려서 시래기로 사용할 정도, 아니면 버려야 하는 것들이었다. 친구가 봉투를 착각하고 잘 못 가져다 준 것이었을까?

까밀러 차를 마시니 몸과 기분이 점점 좋아진다. 어릴 때 오디를 먹었을 때처럼 감기 기운도 사라질 것 같다. 올해 나는 P처럼 사람들에게 기쁜 선물을 주었을까? 아니면 친구처럼, 나 자신의 부덕함을 돌아보게 하면서 어쩔 수 없이 버려야 하는 선물을 주었을까? 그 친구의 노력을 모르는 바 아니다. 애걸하다시피 만나서 비녀나 우거지를 그것도 밤 11시가 넘어서 차를 끌고 나와 주었으니, 본인의 입장에서는 나에게 정성을 다했을 것이다.

우리는 타인을 위해 선물을 준비한다면서 자신이 위로받거나 자신의 평화를 지키는 것은 아닐까. 정성을 핑계 삼아, 나도 한 해 동안 얼마나 피곤하고 억지스러운 선물을 다른 사람들에게 많이 주었을까? 단순히 물건뿐만 아니라 내가 독자들을 '위해서' 썼다고 믿는 소설을 포함해서 말이다. 앞으로 주변 사람들이 내 소설을 공짜로 받아들고도 읽지 않고 처박아두거나 버리는 것을 섭섭하게 생각하지 말아야겠다. 그들도 내 작품이 우거지라고 생각했을 수도 있다. 그 후 내 연구실을 찾은 다른 강사 선생님들에게 P가 준 카밀러 차를 대접하곤 한다. P가 적어준 데미안 이야기를 해주면서 말이다. 다들 한결같이 얼굴이 밝아진다. 그들도 내가 느낀 기쁨과 따뜻함을 느끼는 듯 했다. 선물은 이래야 할 것 같다. 비싸지 않아도, 포장지가 화려하지 않아도, 밤늦게 소란스럽게 불러내지 않아도, 조용히 건네주어도, 한 사람에게 준 선물의 입자가 향기처럼 사방으로 퍼져나가 사람들의 몸과 마음을 흠씬 적셔주는 …… 그러한.

선물이라고 반드시 기쁨을 주는 것은 아니다. 진정 상대방을 기쁘게 하고 싶으면, 그 선물을 준비하는 사람이 준비하는 과정에서 이미 기쁨을 누리고 있어야 한다.

선유도의 꿈

시인 정현종의 시 중에 많은 사람들이 즐겨 외우는 시가 있다. 단 두 줄로 된 시다.

"사람들 사이에 섬이 있다.

그 섬에 가고 싶다."

본래 섬이란 고립된 땅이다. 그런데 시인의 섬은 단절된 인간관계 속에서 사람과 사람 사이를 잇는 다리역할을 하고 있다. 이런 낭만적이고 이상적인 섬, 어디 없을까?

지난 17일 토요일, 전철 당산역에서 내려 버스 5714번을 타고 한 정거장을 가니 선유도 앞이었다.

몇 발자국 걷지 않아서, 한순간, 시공간이 달라졌다. 빽빽한 차들과 매연과 소음이 넘치는 서울의 한복판에서, 배도 타지 않고, 호젓하고 정취 가득한 섬 안으로 쑥 들어선 것이었다. 선유도는 양화대교 아래 선유정수장 시설을 활용한 우리나라 최초의 재활용생태공원이었다. 주변으로 한강의 물길이 유유히 흘렀다. 억새풀과 붉은 가을 기운이 배인 나무들과 바람과 소리가 흐르고 있는 이 섬은 '물공원'이라는 애칭도 가지고 있었다.

그곳에는 '한강문화축전'이 벌어지고 있었다. 서울시와 서울문화재단 그리고 한강문화포럼이 주최하고 대산문화재단이 주관한 이 행사의 주제는 '문학, 한강에서 놀다'였다. 말 그대로 문학이 책과 교실을 빠져나와 한강으로 놀러 나왔던 것이다. '작가 카페' '작가와 함께 하는 문학 산책' 등 다양한 볼거리가 있었지만, 무엇보다 '문학청년들의 비상'이라는 행사가 인상 깊었다. 고양예고, 안양예고 학생들과 단국대 · 대진대 · 명지대 · 추계예술대 · 한서대 등 13개 대학 20개 팀이 참가하여 시와 소설과 설화에 음악이나 연극 등

짧은 퍼포먼스를 곁들인 낭독경연대회를 벌였던 것이다.

과거 인쇄술이 발달하기 이전의 문학은 사람의 입으로 전하는 구술 형태로 존재했다. 종이문학의 융성과 함께 구술문학은 점점 사라졌는데, 이는 영상의 발달로 종이문학이 위협을 받는 것과 유사하다. 하지만 최근 말과 글, 글과 영상이라는 이분법의 잣대에 의해 한쪽이 다른 한쪽을 억압하는 형태가 아니라, 목소리 · 종이 · 영상 등 다양한 표현 매체를 통해 문학을 더 풍성하게 향유하려는 움직임이 일기 시작했고, 작가들을 필두로 사라져간 목소리를 되살리고자 낭독회 행사가 종종 열리곤 했다.

하지만 상아탑의 학생들이 이렇게 광장으로 나온 것은 드문 일이었다. 책 속에 머리를 박고 있던 학생들이 원형극장의 무대에서 활기차게 문학의 목소리를 쏟아내는 것 말이다. 무대를 향해 층층이 앉은 관객들은 기형도, 윤동주, 황지우, 셰익스피어의 작품을 낭독하는 젊은 목소리와 검은 가면과 춤, 낭독한 시를 다시 유창한 랩으로 불러 재끼는 젊은이다운 기발한 소통에 시간가는 줄 몰랐다. 원형극장은 시・소설・희곡・설화・음악 등 장르간의 결합뿐만 아니라, 고등학생과 대학생, 낭독자와 관객, 가을과 사람, 사람과 사람 사이를 가을 단풍들처럼 붉게 물들이고 있었다. 종이문학은 혼자 읽지만, 구술문학은 함께 읽는 것이었다. 그렇게 섬 선유도는 가을 오후의 쌀쌀한 날씨에도 어둠을 밝히는 바알간 등불이 켜질 때까지 사람과 사람을 잇는 다리가 되어 주고 있었다.

행사가 끝나고 선유도 출구 쪽으로 나오는데, 노란 은행나무 잎 모양의 광장에는 KBS '낭독의 발견' 행사를 위해 수많은 의자들이 배열되고 있었다. 어둠을 저만치 밀어둔 환한 조명들 아래 오케스트라의 선율이 청중을 기다리고 있었다.

소리의 공감은 서로를 부르는 능력이다. 때로 가족이나 친구를 위해 책을 낭독해주는 행복한 시간을 가져 보자. 낭독해주고 싶은 책을 고르는 과정에서 낭독하는 시간 그리고 듣는 시간 그리고 그 여운까지…… 온전한 기쁨이다.

춘천 부래산의 세금

ㄱ이 춘천으로 놀러오라며 엽서를 보내왔다. 엽서로 여행에의 초대를 하다니 얼마나 낭만적인가. 나는 당장 춘천 구경을 나섰다. 춘천은 본래 분지에 형성된 도시이다. 의암댐 덕분에 인공 호수가 춘천을 감싸 있어 춘천 어디서나 물길을 볼 수 있었다. 춘천은 반투명한 흰 머플러처럼 안개에 휘감겨 신비하고 몽롱한 여인처럼 아름다웠다. 내 표현을 들은 ㄱ은 웃으면서 여행객의 하루치 서정과 현지인의 감정은 다를 수 있다고 했다. 안개 때문에 식물들이 잘 자라지 않는다고, 더구나 안개 때문인지 관절이 약해지는 것 같다고 투덜거렸다. 나는 안개 없는 서울에 살아도 마찬가지라고 했다. 결국 둘은 관절약화가 안개 때문이 아니라

나이 때문이라는 결론을 내렸다.

우리는 한 카페의 앞마당에서 의암호를 바라보고 있었다. 오! 호수여! 라마르틴느의 시 '호수(Le lac)'가 저절로 입안에서 터져 나왔다. 프랑스에서 낭만주의라는 새로운 사조를 태동하게 만든 이 시는 자신의 감정을 끝없이 토로한 탓에 여러 페이지에 달하는 아주 긴 작품으로 정평이 나 있다. 대학시절 교수님이 강제하셔서 억지로 외웠던 사연 많은 시였는데, 기억의 어딘가에 숨어 있다가 아름다운 호수를 보니 저절로 터져 나온 모양이었다. 낭송이 끝나자 ㄱ은 봉황 닮은 눈으로 나를 쳐다보고 있었다. 그 길고 긴 시를 멋진 불어 발음으로 쏟아낸 매력적인 여자(!)를 발견한 탓일까.

가장 춘천다운 것을 소개하라고 했더니, ㄱ은 나를 춘천의 인공 호수 안에 형성된 작은 섬, 위도로 데려갔다. 위도에서는 국제 판토마임 축제가 열리고 있었다. ㄱ은 빙긋빙긋 웃으며, 여러 나라 도깨비들이 모였으니 구경 좀 하라고 불렀다고 했다. 엽서 속의 괴물들은 바로 마임이스트들이었다. ㄱ은 나에게 글로 먹고 사는 직업이 지겹지 않느냐며 몸으로 표현하는 것을 즐겨보라고 했다. 마임은 말로 표현하지 못하던 시절의 저항 언어이기도 하고 요즘처럼 말이 넘치는 때에 말 이상의 것을 표현해주는 포스트모던적인 언어라고 했다.

우리나라에서 마임이 처음 시작된 것은 1970년대라고 했다. 서울에서 유진규라는 사람이 '억울한 도둑'을 처음 공연했는데, 도둑으로 몰린 억울한 심정을 몸짓으로 표현한 것이었다. 당시 군사정권의 탄압에 대한 은유였던 셈이다. 그 후에도 마임은 별로 생명력을 얻지 못했는데, 그가 서울을 떠나 춘천에 와서 조그마한 레스토랑을 경영하면서 주말마다 마임 공연을 한 것이 계기가 되어 국제적인 수준의 마임축제로 거듭난 것이었다. 매년 벌어지는 국제 판토마임 행사는 날로 커져 국외 여러 나라와 국내 수십 개의 극단이 참가하고 있다고 했다. 그 이야기를 듣고, 나는 "마임 행사가 본래 춘천에서 생겨난 것은 아니고 외지에서 흘러 들어온 것이 아니냐"고 약간 ㄱ의 말을 뒤틀었던 것 같다.

위도의 국제 판토마임 축제는 국내외 극단들의 다양한 '몸짓'들과 연주 등으로 진행되었다. 축제 마지막 날에 도착했던 나는 그날 밤 축제의 절정을 보았다. 어둠 속에서 참가자들이 너나할 것 없이 도깨비로 변하기 시작했다. 행사에는 '도깨비 어워드'가 있었지만 진정 그 상의 주인공은 그 축제를 즐기려고 멀리서 온 젊은이들과 시민들이었다. 그들은 처음에는 무언의 대화로 장난을 치면서 도깨비장난을 벌이더니, 점점 노래와 환호성으로 자신을 폭발시켜 나갔다. 밤이 깊어질수록 축제는 더욱더 난장이 되어갔고, 무한질주의 흥분과 열정은 밤새 지속되었다. 그 행사는 옷 속으로 한기와 피로가 스며드는 새벽 5시가 되어서야 가까스로 끝이 났다.

아침을 먹고 가벼운 휴식을 취한 후 춘천 관광을 강행했다. ㄱ은 팔을 쭉 뻗어 봉산을 가리켰다. 봉의산이라고도 부른다고 했다. 봉산은 춘천시가지를 내려다보면서 하늘을 떠받치고 있었다. ㄱ은 정색을 하고 "여자의 가슴을 닮은 산"이라고 했다. 봉긋하다는 뜻에서 하는 말 같았다. 봉산은 남쪽으로 진병산, 서

남쪽으로 삼악산, 서북쪽으로 화악산, 북쪽으로 용화산 그리고 동쪽으로 대룡산에 둘러 쌓여있다고 했다. 봉산 뒤편으로는 소양강 외에도 낭천강 물을 받아 의암호수를 이루면서 우두평야의 곡창지대를 거느리고 있다고 했다. 그 설명을 들으니 여자의 가슴처럼 풍만하고 넉넉한 느낌이 들긴 했다.

ㄱ은 나에게 꼭 보여주고 싶은 다른 산이 있다고 했다. 나는 봉산으로 충분하다고 했으나, ㄱ은 고집을 부렸다. 관광 안내인을 무시할 수 없는 처지라 ㄱ을 따라갔다. 춘천 전체에 날개를 펼친 듯 웅장하면서도 선이 고운 봉산에 비해서, 그 산은 분지에 덩그마니 놓인 바위산이었다. 바위산에 얽힌 전설은 이러했다.

어느 해인가 장마에 휩쓸려 금성(金城)의 큰 바위산이 춘천으로 떠 내려왔다. 춘천분지에 와서 홀로 높게 솟게 된 그 산은 자태가 아름다워 사람들의 눈길을 끌었다. 사람들이 점점 그 바위산을 보려고 모여들었고, 부래산(浮來山)이라는 이름을 붙여놓고 즐거워했다. 이 소식을 들은 금성의 관리가 춘천으로 와서 그 바위산은 본래 금성의 것이니 춘천 사람들이 보고 즐기려면 세금을 내야한다고 우겼다. 춘천 사람들은 어쩔 수 없이 세금을 내기로 했고, 매년 금성의 관리가 와서 돈을 가져갔다.

한데 얼마 후 춘천에 새 고을원이 부임하여, 부래산 세금 문제를 알게 되었다. 아버지 원님이 근심에 싸여 있자 일곱 살짜리 아들이 그 문제를 해결해 보겠다고 했다. 드디어 금성의 관리가 춘천에 오자, 그 어린 아들은 금성의 관리에게 말했다. "금성의 바위산이 허락도 없이 춘천에 와서 자리를 잡았는데, 지금까지 자릿세를 내지 않았습니다. 더 두려면 자릿세를 내시고, 그러고 싶지 않으면 도로 가져가시기 바랍니다." 물론 춘천은 그 뒤로 금성에 세금을 내지 않았고, 부래산은 춘천의 산이 되었다.

흔하게 듣던 전설 같았다. 당시 백성들이 세금을 착취당했는지를 엿보게 한다든지, 관습에 젖은 어른들과 그런 관습을 여지없이 깨는 아이의 대조가 그랬다. 이 소박한 전설이 어떻게 ㄱ을 감동시킨 것인지 의아했다. 왜 이 부래산을 꼭 보여주고 싶었느냐고 물었더니, 그는 "외지에서 흘러들어온 것을 춘천이 어떻게 소중하게 수용하는가"를 보여주고 싶었다고 했다. 이질적인 것에 대해 줄을 긋고 경계를 하지 않는 도시가 춘천이라며, 그는 내 허를 찔렀다. 전날 위도에서, 마임이 춘천 본토의 것이 아니라 외지에서 흘러든 것이라는 나의 공격에 대한 그의 멋진 한방이었던 셈이다.

춘천의 여행은 거의 끝나가고 있었다. 작별 인사가 필요해 판토마임 축제를 다시 보려면 1년이나 기다려야겠다고 했더니, ㄱ은 그럴 필요가 없다고 했다. 춘천에는 아예 상설 판토마임 극장이 있으니 언제든지 오라고 했다. 단지 한 가지 조건이 있으니, 이 극장에서는 한 사람에 만원씩 하는 입장료가 '연인'에게는 오천 원이니, 다음에 공짜로 보고 싶으면 자기랑 연인하자고 했다. 나는 마임의 부흥을 위해서 5,000원을 아낄 생각이 없으며, 더구나 아직까지는 동성애를 할 감정적 정서가 발아되어 있으니 연인은 거절하겠다며 그녀의 농담에 반격을 가했다. 두 사람은 포복절도 했다.

그렇게 나는 춘천을 떠났다. 그 후 춘천은 나에게

ㄱ이 보낸 엽서를 닮은 도시로 기억되고 있다. 엽서 속의 춘천은 인간인지 짐승인지 그 경계가 모호한 존재의 도시이다. 규격 잡힌 사람의 형상을 벗어나는 도시이다. 판토마임처럼 말을 하지 않지만 수많은 의미를 쏟아내는 도시이다. 하얀 안개처럼 경계를 해체해 더 많은 것을 수용하는 도시이다. 그 모호한 안개와 판토마임의 틈 사이에서 나는 내 기억의 파편들을 슬그머니 춘천에 내려놓았다. 부래산처럼 자릿세도 내지 않고 말이다.

순수의 강요에 너무 질식당하지 말자. 이물질이 들어와서 나를 더 풍요롭게 만들 기회를 놓칠 수도 있다.

소금광산과 문화자원

한 계단, 두 계단, 앞사람 꽁무니를 따라 아래로 내려가기 시작했다. 이백, 이백 하나, 세계 각국에서 몰려 온 관광객들은 소용돌이처럼 구부러져 돌아가는 좁은 나무 계단을 끝없이 내려갔다. 휴, 378번째 계단! 드디어 지하 65미터에 도착했다. 울퉁불퉁, 동굴의 바위벽과 천장에 온통 하얀 꽃들이 피어있다. 소금의 맥들이다. 그물처럼 엉켜있다. 손가락으로 벽 여기저기를 찍어 맛을 보느라고 사람들은 분주하다. 짜다, 짜! 그곳은 유네스코가 세계문화유산으로 지정한 폴란드의 비엘리츠카 소금광산이었다.

소금이 어디서 나느냐고 물으면, 한국인은 대부분 바다라고 대답할 것이다. 하지만 전 세계에서 생산되는 소금의 60%가 광산에서 나오는 암염이다. 암염은 지각 변동에 의해 바다가 육지로 융기한 후 오랜 세월을 거쳐 염화나트륨 결정체로 남은 것이다. 해염보다 암염에 의존했던 유럽 국가들은 황금보다 소금을 캐는 일이 더 중요한 과업이었다. 13세기부터 채굴이 본격화된 비엘리츠카 광산은 깊이 3,000미터에 갱이 9층으로 나뉘어져 있고, 총길이 300km에 걸쳐 암염을 채취하였고 그로 인해 만들어진 방이 2,000개가 넘는다고 한다. 하지만 소금은 왕족과 귀족들만의 독점물이었다.

비엘리츠카 소금광산은 소금채취의 기능을 잃지 않고 세계문화유산으로 거듭난 곳이다. 광산 안에 호텔, 식당, 연회장이 있다. 광부들이 만든 소금 샹들리에와 최후의 만찬 부조가 걸린 예배당도 있다. 하지만 천일염에 익숙한 한국인에게 가장 인상적인 것은 단연 바위 속에 박혀있는 하얀 소금 그 자체였다. 육면 혹은 팔면의 결정체, 다이아몬드 소금이었다. 또한 소금 채취를 위해 모아놓은 거대한 연못의 수면 위로 머무는 고요한 정취, 망아지 때부터 갱에 들어와 평생을 숙명처럼 거대한 연자방아식 장치를 돌린 노새들의 애닮은 삶, 광산 내에서 가이드를 맡고 있는 전직 광부들의 과묵함과 배려도 가슴에 여운을 남겼다.

소금광산을 보고나니, 자연을 관광단지로 개발할 때 유념해야 할 것들이 또렷해졌다. 예를 들면, 새만금 개발에서 우리가 기대하는 것은 무엇일까. 작금의 개발계획처럼 대규모 골프장과 테마파크와 숙박시설과 공연장과 연수원 등의 시설일까. 새만금의 최대 관광자원은 개펄 그 자체일 것이다. 개펄이 제공하는 생명력과 비릿한 냄새와 그곳에서만 볼 수 있는 다채로운 해양 생태계와 자연 풍광일 것이다. 더구나 "개펄 1㎢의 미생물의 분해 능력이 하루 BOD(생물학적 산소요구량) 기준 2.17톤의 오염물을 정화 할 수 있다"니, 그런 자연의 능력 자체를 보여주는 것이 최고의 문화산업이 아닐까. 그곳 주민들의 오랜 노하우도 잊지 않아야할 요소이다. 새만금 개발은 이미 상당히 진행되어 이미 60%가 뭍으로 변했고, 봄바람에 날려오는 소금먼지가 주민을 괴롭힌다고 들었다.

문화개발의 또 다른 중요한 요소는 스토리텔링이

다. 소금광산을 처음 발견한 사람은 킹카 공주였다. 폴란드 왕자에게 시집을 오던 헝가리 킹카 공주가 도중에 자신의 반지를 잃어버렸는데, 지금의 비엘리츠카 부근에서 반지도 찾고 소금굴도 찾아냈다는 이야기였다. 백성들에게 생필품인 소금과 막대한 부를 가져다준 킹카 공주는 소금의 수호신이 되었다. 허무맹랑한 전설이지만, 나라의 지도자가 백성의 필요와 부를 채워주는 문화 원형을 보는데 손색이 없었다. 소금이 더 이상 귀족의 독점물이 아니게 되자, 평민들은 부를 과시하기 위해 손님들을 초대하여 지독하게 짠 음식을 내놓았다는 일화도 있었다.

비엘리츠카 광산 지하 130미터에서 지상으로 올라가는 데는, 초고속 엘리베이터로 40초가 걸렸다. 관광치고는 과도한 에너지가 소모됐던 소금광산 관광 후, 전형적인 폴란드 식사를 먹게 되었다. 참으로 짠 고기와 감자 요리가 나왔다. 추운 나라에서 체온을 올리기 위한 음식이라고 했다.

한때 소금은 부의 상징이었다. 오! 하얀 소금! 다이아몬드처럼 만지거나 맛보며, 오늘 하루쯤 즐거워하자.

우리는 무엇을 위해 죽도록 일하나

출판사의 한 편집자가 작업실로 놀러 와서 읽어보라며 책 한 권을 내밀었다. 작가 다니 라페리에르의 『L'énigme de retour』(귀환)이라는 제목의 장편소설이었다. 프랑스의 유명한 메디치상을 수상했다는 띠지가 둘러져 있었다. 나는 수년 전 데리다 책을 두 권 번역하는 과정에서 그 복잡다단한 이론과 한국어 단어로는 개념을 풀어내는데 한계를 느끼고, 번역은 가능한 하지 않기로 결심한 바 있었다. 출판사의 매력적인 여직원은 프랑스 소설을 내 책상에 슬그머니 두고 갔다. 번역에 유혹당하지 않을 생각으로 며칠 동안 그 책을 쳐다보지도 않았다.

그 즈음 나는 장편소설 한 권을 출간하고 허탈감에

빠져 있었다. 아이 출산하듯, 작가들은 흔히 책 출간 후 초기의 기쁨이 지나가면 허탈감에서 공허감까지 다양한 감정에 시달리게 된다. 다른 때와 달리 이번에는 소설 쓰는 행위에 근본적인 질문이 왔다, '우리는 무엇을 위해 죽도록 일하나?' 허탈감이 소위 무력감으로 넘어가던 즈음에, 무심코 출판사의 편집자가 두고 간 프랑스 소설책을 들고 읽기 시작했다. 불어사전을 찾을 필요 없이 읽을 정도의 소설이어서 앉은 자리에서 사십 페이지를 읽었다. 그리고 출판사에 전화를 해서 그 책을 번역하겠다고 알렸다. 그 소설을 번역하겠다고 생각을 굳힌 것은 '책들의 시간'이라는 장을 읽고 나서였다. 그 장은 이렇게 시작된다.

새 아파트에 도착하자마자
나는 테이블 위에 내 책들을 놓아두었다.
모두 읽고 또 읽은 것들이다.
나는 읽고자 하는 욕구가
내 내장을 후벼 파는 배고픔보다 강할 때
책을 한권씩 샀을 뿐이다.

많은 사람들에게도 마찬가지일 것이다.
우리의 상황이 바뀔 때
우리는 이런 상태가
다른 모든 사람들에게도 일어난다고 생각한다.
나는 알고 있다.
사람들이 지속적으로 선택한다는 것을
먹을 것과 읽을 것 사이에서.

나는 이곳에서 한 겨울동안
아이티 섬의 한 가난한 이가 평생
먹을 고기를 축내고 있다.
육식주의자인 내가 채식을 하려고 노력한 적은 거의 없었다.

이전에 나의 삶에서 먹는 것은
매일 매일의 걱정거리였다.
모든 것이 배를 중심으로 돌아갔다.
뭔가 먹을 것이 있으면 모든 것이 해결된 것이었다.
이런 삶을 살아보지 않은 사람은
이해하기 어려운 일이다.

내장을 후벼 파는 배고픔을 견디며 책 한 권을 사다니! 순간 정신이 번쩍 들었다. 먹을 것과 읽을 것 사이에서 끊임없이 망설이는, 그리고 마침내 한 권의 책을 선택하는 소설 주인공을 보면서, 무력감이라는 것이 갑자기 사치처럼 느껴졌던 것이다.

그리고 『L'énigme de retour』(귀환) 속의 주인공은 이렇게 말한다.

"확실한 것은 고향에 계속 머물렀다면 나는 글을 쓰지 않았을 것이다. 아마 한 줄도 쓰지 못 했을는지도 모른다. 사람들은 고향을 떠났을 때야 스스로를 위로하기 위해 글을 쓰는 것은 아닐까?"

고향은 우리가 태어나고 자라고 조상대대로 살아온 곳이기도 하지만, 소설 속에서 이야기하는 고향처럼 우리의 몸이나 생각이 매여 있는 곳을 의미하는 것 같기도 하다. 왜냐하면 익숙한 곳에는 습관이 따라붙기 때문이다. 소설 주인공은 자신의 습관 속에서 빠져나오지 못하게 될까 봐 항상 걱정스러워한다. 습관에서 벗어나고자 하는 수많은 여행의 출발조차도 이미 익숙한 것이 되어 버렸다고 두려워한다.

내가 감동받았던 '책들의 시간'이라는 장에는 이런 이야기도 있다. 주인공은 한 학생으로부터 편지를 받게 되는데, 아이티 섬에 아주 격렬한 폭풍이 휩쓸고 지나간 후 구호를 요청하는 내용이었다. 특이한 것은 폭풍의 피해자들에게 구호백에 쌀을 보낼 때는 한 박스의 책도 같이 보내 달라고 요청해달라는 것이었다. 그 학생은 편지에 그 이유를 이렇게 적어 놓았다.

"우리는 먹기 위해 사는 것이 아니라 책을 읽기 위해 산다."

내가 일한 결과물을 얻기 위해 지구상의 단 한 사람이라도 죽도록 일하고 있다면 기꺼이 그 일을 계속할 가치가 있다. 다니 라페리에르의 『'L'énigme de retour』(귀환)은 『슬픔이 춤춘다』라는 제목으로 국내에 출간되었다.

베토벤의 유서

베토벤은 20대 후반부터 귓속의 윙윙거리는 소리 때문에 제대로 들을 수 없었다. 그는 더 이상 음악을 할 수 없으리라는, 그리고 주변 사람들이 그 사실을 알게 되리라는 이중의 두려움에 사로잡혔다. 당시 베토벤은 술주정뱅이 아버지로 인하여 두 동생의 교육까지 떠맡고 있는 상황이었다. 청각 장애가 사교 생활에 오해를 불러일으키자 우울증이 심해졌고, 병을 감추니 치료의 기회를 놓쳐 병은 점점 악화되었다.

역경은 그것으로 끝이 아니었다. 사랑의 고통이 또 한 차례 그를 뒤흔들었던 것이다. 제자였던 줄리에타는 베토벤을 끝없이 괴롭히다가 육체적 결함을 알고는 다른 백작과 결혼을 해버렸던 것이다. 그 유명한 소나타 '월광곡'을 탄생시킨 영감의 근원이었던 그녀는 베토벤의 영혼을 참혹하게 유린하였다. 더 이상 견딜 수 없게 된 베토벤은 자살을 결심하고, 1802년 가을에 하일리켄슈타인에서 한 통의 유서를 동생 카를과 요한에게 쓰게 된다.

"잘 들리지 않으니 더 크게 이야기해주시오, 외쳐주시오, 어찌 이렇게 요청할 수 있겠느냐. 다른 누구보다도 완벽해야 할 내 귀에 장애가 있다고 어떻게 남에게 털어놓는단 말이냐. 오, 난 그럴 수 없어. 한때는 어떤 음악가보다 완벽했던 내 귀의 장애 때문에, 사람들과 즐겨 어울리고 싶어도 자리를 피해야만 했다. (…) 사람들과 가까이할 때면, 내 비참한 상태가 알려질까 몹시 불안해진다. (…) 얼마 안 되는 재산은, 재산이랄 것도 없는 정도지만, 너희 두 사람에게 남긴다. (…) 죽음이 언제 오든 기쁘게 맞으리라. 내가 가진 예술적 재능을 모두 발휘하기 전에는, 설령 내 운명이 아무리 가혹하게 괴롭히더라도 죽고 싶지 않다."

베토벤은 과연 죽었을까? 그는 이후에 자신이 듣지

못한다는 사실을 숨기지 않게 되었다. 주변 친구들은 물론 음악계에도 그 사실을 알리는 놀라운 행동을 보였다. 그런 긍정적인 변화는 절망 앞에 엎드려 절규하듯 유서를 쓴 다음 나타났다. 베토벤은 깨달았던 것이다. 자신은 듣지 못해도 전 세계 사람이 자신의 음악을 들을 수 있다는 것을! 육체나 사랑은 파괴될 수 있어도, 내면에 흐르는 음악의 선율과 정열은 결코 파괴될 수 없다는 것을! 베토벤은 열정과 창작열을 불태우며 25년을 더 살았다.

이 아름다운 가을에, 베토벤의 유서를 떠올린 것은 주변에서 끊임없이 들려오는 자살 소식 때문이었다. 한국은 경제협력개발기구(OECD) 국가들 중에서 자살률 1위라는 불명예스런 순위를 8년째 지키고 있다. 객관적인 이유로는 불합리한 사회경제 제도나 끊임없는 경쟁관계 혹은 소속감이나 연대감의 약화에서 오는 마음의 병 때문이라고 한다. 하지만 심리적으로는 불행이 나에게만 온다는 생각에 사로잡혀 좌절감에서 쉽게 벗어나지 못하는 경우가 많다고 들었다. 정말 불행이 특정 사람만을 찾아가는 것일까. 가을이 우리 모두에게 공평하게 찾아오듯이 불행도 사람을 가리지 않고 찾아오는 것은 아닐까. 단지 계절을 받아들이는 감각이 다르듯, 불행을 어떻게 받아들여 극복하는지 그 차이가 있는 것은 아닐까.

작업실 창문 밖으로 와우산의 가을풍경을 바라보니 문득 라이너 마리아 릴케의 '가을날'이라는 시가 떠오른다.

'주여, 여름은 참으로 위대했습니다.
이제 해시계 위에 당신의 그림자를 얹으십시오.
들에다 많은 바람을 놓으십시오.'

투명한 바람이 만지고 지나가는지, 저 멀리 와우산 기슭의 나무 잎사귀들이 스르르 스르르 흘러내리곤 한다. 저마다 말 못할 불행을 안고 살아가는 이가 많다. 실연했거나, 지독한 경제적인 압박을 받고 있거나, 고통스런 육체적인 장애가 있다. 하지만 베토벤에게 찾아온 불행과 당신에게 찾아온 불행 중에 선택의 여지가 있다면 어떤 것을 택할 것인가. 내년 봄을 위해 미련 없이 추락하는 나뭇잎들을 보라. 당신도 그 고통을 온전히 받아들이며 가상의 죽음을 체험하고 새롭게 시작하면 어떨까.

창문을 연다. 투명한 바람소리가 쏟아져 들어온다. 스스로 목숨을 끊기에는 세상에 아름다운 소리가 너무 많다.

삶이 무의미하다고 느껴지면 유서를 한 번 써보자. 갑자기 삶에 긴장감이 생기면서 평범한 삶 속에서 뜻밖의 기쁨을 찾는 자신을 발견하게 될 것이다.

• 유서

부록

김다은의 자화상

자화상

모자색은 본래 코발트블루였다

소설책 앞표지를 최대한 확대한 작가의 얼굴로 장식하던 시절이 있었다. 13년 전 내 장편소설 『당신을 닮은 나라』에도 '김다은'의 얼굴이 대문짝만하게 들어 있다. 출판사의 마케팅 전략상 사진에 뽀샵을 했던 것으로(당시에는 뽀샵이라는 단어가 없었다), 더 갸름한 턱과 확대된 눈동자로 만화 속의 주인공처럼 이상적인 라인을 지니고 있다. 등단작이자 유학에서 돌아와 궁핍하던 시절에 거금 1억을 안겨준 작품이었던지라 한동안 서재의 눈에 잘 띄는 곳에 세워두었었다.

책표지의 '김다은'에 중독되어 있었던 나는 언젠가부터 다른 내 사진을 볼 때마다 타인의 얼굴을 보는 듯했다. 달걀형의 갸름한 선은 어디론가 사라져버리고 각진 턱과 도드라진 광대뼈가 고스란히 드러났다. 매번 사진이 잘못 나왔다고 치부하며 책표지에 박혀있던 청순가련형의 김다은을 더 사랑했다. 그러던 어느 날 한 여성작가를 만나 그의 실제 모습이 그의 책에 실렸던 사진과 너무나 달라 심한 배반감을 느꼈고, 그 충격으로 내 본 모습도 되찾게 되었다. 그 후 나는 책이나 신문에 예쁜 사진을 실으려는 욕망을 버렸고, 서양인들이 전형적인 동양미인이라고 찬사를 보내던 그러나 한국에서 팔자타령 할 수 있는 강한 얼굴 라인을 그대로 실었다.

『당신을 닮은 나라』 표지 뒷면에는 유학 직후의 발랄한 내 전신사진이 들어있다. 나중에 들은 뒷담화로 내 작품보다 내 롱다리에 사람들이 더 많이 토론을 벌였다 했다. 엄숙주의에 물들어 있던 그 시절에 그런 초미니는 입질에 오르고도 남았던 것이다. 하지만 요즘 들어 그때 그런 사진을 남겨놓은 것이 잘 했다 싶다. 요즘은 아슬아슬한 미니스커트를 입고 나가도 아무도 돌아보지 않는데도 나 스스로 민망해서 입고 나서지 못하기 때문이다.

지난 2006년 『이상한 연애편지』를 출간할 즈음 출판사에 내 얼굴사진을 몇 장 보냈다. 그들 중에 하나를 선별해서 책에 넣게 되어 있었다. 그런데 막상 책을 받고 보니 작가사진이 온데간데없었다. 가슴을 진정시키고 막상 책을 훑어보니, 얼굴 없는 소설책이 도리어 신선하게 다가왔다. 나중에 출판사 담당자에게 들으니, 그 또한 몇 번의 회의를 거쳐 신중하게 결정한 마케팅 전략 중의 하나였다. 그 과정을 알지 못하는 한 지인은 "작가가 자신의 소설책에 사진도 싣지 않다니 참 쿨(cool)하다"고 했다.

위의 자화상은 2008년 『훈민정음의 비밀』을 쓰고 난 뒤, 선(線) 대신에 한글을 배열해서 완성한 실루엣 자화상이다. 선을 사용하지 않고 글자를 사용하니 주름이나 기미 등은 생략해도 무방하다 싶었다. 덕분에 실물보다 조금 더 젊은 나를 그리고 말았다. 잘 나온 이미지 사진 한 장을 준비해두고 10년 이상 우려먹는 선배 소설가보다는 덜하지만, 나 역시 나이보다 젊다는 생각을 아직 버리지 못한 모양이다. 글자의 내용은

'2008 김다은'과 '훈민정음의 비밀'이라는 단어, 그리고 그 작품을 쓸 당시의 감정들을 조합해서 쓴(그린) 자화상이다. 모자색은 본래 코발트블루였다.